TAŃCZĄCE NIEDŹWIEDZIE

跳舞的熊

WITOLD SZABŁOWSKI

目次

第二部

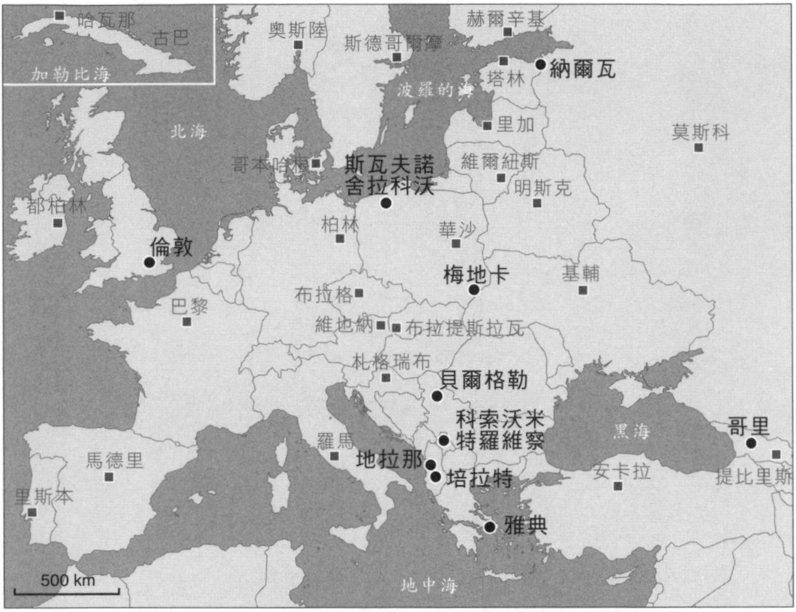

雅典　每天，數以千計的希臘人在此夢想，他們的國家將會開始實施最好、最幸福的體制：共產主義。

貝爾格勒　多年來，戰犯拉多萬．卡拉季奇假扮成自然療法醫生，在此躲藏。

培拉特　建築工人德雍尼在這裡拆恩維爾．霍查建造的碉堡。

哥里　在史達林出生的房子裡，維斯塔貞女守護著這位大元帥的死亡面具。

哈瓦那　數以千計的古巴人因聽聞卡斯楚的健康每況愈下而顫抖。有些人因恐懼而顫抖，有些人則是因為興奮——他們夢想著，改革的風終於將會吹向他們的島嶼。

倫敦　月臺女爵在這裡有兩公頃的地，就在維多利亞火車站和客運總站之間。

科索沃米特羅維察　佛羅倫和杜尚這對好朋友就是從這裡出發，把雞帶給回到科索沃的塞爾維亞人。

梅地卡　日復一日，幾千名「螞蟻」會在此越過烏克蘭邊境，把伏特加和香菸帶到波蘭。

納爾瓦　俄羅斯愛沙尼亞人的首都，在這裡，甚至連警察都不會說愛沙尼亞語。

斯瓦夫諾舍拉科沃　這個前集體農場村莊的居民們為了對抗貧窮，把村子改造成哈比村。他們裝扮成托爾金筆下的人物，邀請孩子們一起玩大地遊戲。

地拉那　恩維爾．霍查在此統治國家，直到今日，由他女兒和女婿所設計、紀念他的金字塔依然矗立在此。

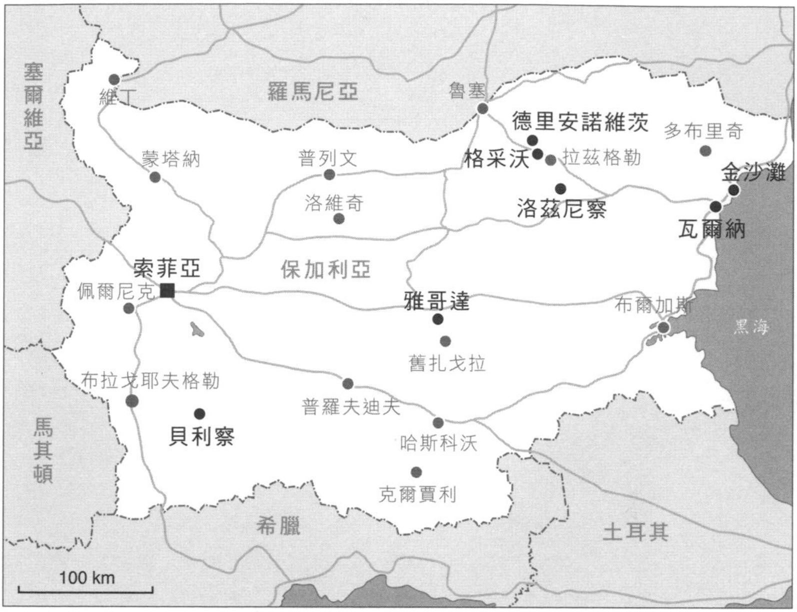

貝利察　在這座小鎮有座十二公頃的跳舞熊公園，那些曾以跳舞維生的熊就在此學習自由。

德里安諾維茨　捷爾吉・馬林諾夫和史蒂芬・馬林諾夫兄弟就是從這裡來的。前者和一頭叫薇拉的熊到黑海岸邊各處去表演，而後者能表演極困難的把戲：與熊摔角。

格采沃　二○○七年，保加利亞最後的跳舞熊——米修、斯維特拉和米瑪——從吉普賽馴熊師史坦內夫一家人手上被帶走。

雅哥達　這裡出了許多有名的馴熊師（雖然他們比住在北方的同行窮苦許多）。保加利亞人經常嘲諷地說，雅哥達的每個居民家裡都有養熊。

洛茲尼察　龐丘・庫巴丁斯基就在這個村莊出生。二戰期間，吉普賽的馴熊師協助他藏匿。後來，他成了保加利亞最出名的共產主義者之一，也是托多爾・日夫科夫好友及合作夥伴。

索菲亞　在保加利亞的首都，還不過幾年前，你依然可以在電車上、集合住宅區甚至商店或樂透投注站前看到馴熊師。他們演奏古斯爾琴，等待人們打賞。

瓦爾納、金沙灘　保加利亞最受歡迎的度假勝地。不過幾年前——在保加利亞加入歐盟之前——這裡的沙灘上到處可以看到馴熊師和他們的熊。

前言

1.

有著一頭亂髮和瘋狂眼神的那人不是憑空出現的。他們之前就認識他了。他有時候會告訴他們，他們有多偉大，並且叫他們回歸到自己的根源；如果有必要，他會穿插一段幾乎不可能發生、但十分吸引人的陰謀論。即使那是關於外星人的。他這麼做是為了招攬注意，以及引起恐懼。因為他注意到，如果他挑起人們的恐懼，他們就會更專注地聆聽他。

他們已經習慣了他的存在，習慣了他有時會一臉嚴肅地說出其實很好笑的話。有時他會在政壇的邊緣游移，有時較接近主流，但一般來說，他們把他當作無傷大雅的怪胎。

直到某一天，他們驚訝地揉了揉眼睛。因為那有著一頭亂髮、預言外星啟示錄將降臨的人，竟然要上場爭奪那最高的位置。再一次，就像之前一樣，他稍微挑起人們的恐懼——難民、戰爭、外星人（老實說，他說什麼都沒差），稍微給他們的國族自我意識打氣，稍微——

看在所謂的菁英眼中——讓自己看起來像個蠢蛋。但是他做出了許多承諾。主要的承諾是：他會讓時光倒流，一切都會像以前一樣，也就是，比現在好。

然後他贏了。

你們都很清楚，這件事是發生在哪裡的，對不對？沒錯，你們猜對了。在我們這裡，在共產後的中歐和東歐，在轉型之國。

2.

轉型之國是一道岩漿，它是從那座名叫「蘇聯及其衛星國」的火山中流出來的。不久之後，這座火山就爆發了，然後消失無蹤。岩漿裡的國家之前就存在了——畢竟，波蘭、塞爾維亞、匈牙利和捷克都是非常古老的國族。但自從二次大戰後，我們就被凍結在這裡，史達林、羅斯福和邱吉爾在雅爾達做成的協議，把我們留在了暗黑力量的那一邊。

在蘇聯的掌控下。

第一批岩漿，是在一九八九年六月四日，當波蘭有了第一次（幾乎）自由的選舉時流出來的。

然後柏林圍牆也倒了。這時，岩漿就開始盡情流淌。

沒多久，蘇聯垮了，雅爾達協議建立起來的秩序也跟著垮了。

我們成了自由的人。波蘭人、塞爾維亞人、匈牙利人，還有愛沙尼亞人、立陶宛人、烏克蘭人、保加利亞人、吉爾吉斯人、塔吉克人、哈薩克人。世界上有一大群人獲得自由，但他們並沒有準備好要迎接這自由。在極端的案例中——他們根本沒料到會獲得自由，也不想要自由。

有一大群人必須解凍，並快速學會，這個世界是怎麼運作的，還有要如何在其中找到自己的歸屬。簡言之——他們必須學會什麼是自由，以及如何運用這自由。

3.

關於跳舞的熊的故事，是我在華沙認識的保加利亞記者喀拉什米爾·克魯莫夫（Krasimir

Krumow）告訴我的。

喀拉什米爾說，這些熊多年來被人訓練跳舞，並且被殘忍地對待。馴熊師把熊養在家裡，教牠們跳舞，從小就毆打牠們。此外，他們還把熊的牙齒都敲掉，免得熊想起牠們其實比馴熊師來得更強壯。馴熊師會擊潰熊的自信。他們用酒精灌醉牠們——之後，許多熊都因此對烈酒上癮。馴熊師會命令熊為觀光客做各種奇怪的表演：跳舞、模仿名人、為人按摩。

突然，保加利亞在二〇〇七年加入歐盟，跳舞的熊於是不合法了。奧地利的動保組織四掌基金會（Cztery Łapy／Four Paws）在索菲亞附近設立了一個特別的中心，他們把熊從馴熊師身邊帶走，把牠們帶到位於貝利察（Belica／Belitsa）的中心。皮鞭消失了，殘忍的對待消失了，鼻環（根據四掌基金會員工的說法，這是熊身為奴隸的象徵）也消失了。一個獨特的計畫開始了：他們要在這個中心，教導那些從來不知道自由為何物的動物，什麼是自由。一步一步，一點一滴，小心翼翼。

貝利察的跳舞熊中心成了一個非比尋常的自由實驗室。這裡的熊學習自由的熊應該如何行動，如何為自己的未來打算，如何冬眠，如何交配，如何找食物。

當我從喀拉什米爾口中聽到這個故事，我想著：我自己也住在一個類似的實驗室。自從一九八九年波蘭開始民主化，我們的生活也是一場持續不斷的自由實驗。我們不停在學習，什麼是自由，要如何運用它，還有要為它付出什麼代價。我們也必須學習，自由的人是怎麼為自己、自己的家人和自己的未來打算。怎麼吃東西、怎麼睡覺、怎麼做愛——因為在社會主義時期，國家會窺看人們的盤子，以及人們的床。

就像貝利察的熊一樣，面對自由，我們有時候應付得還不賴，有時候比較糟。有時候它會讓我們滿意，有時候——則會激起我們的抗拒。有時候，甚至是攻擊性。

4.

在我第一次遇到喀拉什米爾的幾年後，我去了貝利察的自由實驗室。我想看看那座實驗室長什麼樣。我得知了以下幾件事：

——熊會一點一滴地獲得自由。你不能一下子就給牠們全部的自由，牠們會窒息。

——自由也有界線。對熊來說，自由的界線是通了電的鐵絲網。

——對於不曾嘗過自由滋味的熊來說，自由是很複雜的事物。這些熊現在得自己照顧自己了，學會這件事，對牠們來說很困難，有時候是不可能的任務。

而我也得知，每頭退休的跳舞熊都會經歷到自由開始讓牠們疼痛的時刻。這時候牠會怎麼做？牠會用兩條後腿站起來，然後開始……跳舞。牠在重複那中心的員工不計一切代價想移除的行為。牠在重複奴隸的習性。牠在呼喚馴熊師，要他回來，再一次為牠的生命負責。「就讓他打吧，就讓他虐待我，但是讓他把這可惡的、得為自己生命負責的擔子拿走。」熊似乎在透過牠的舞蹈這麼說著。

再一次，我想著：這個故事似乎是關於熊，但也是關於我們。

5

有著一頭亂髮、輕易做出大量承諾的人，在我們的世界有如雨後春筍般增生。而人們跟隨這些人，就像熊跟隨自己的馴熊師。因為自由帶給他們的不只是新的味道、新的可能和新的視野。

自由也帶來了新的挑戰，而他們未必知道如何面對。這些挑戰包括：失業（他們在社會主義時期不知道這是什麼）、露宿街頭、資本主義（經常凶猛地像頭野獸）。就像熊一樣，人們有時候也希望馴熊師會到來，把他們背上的挑戰拿走一些，至少讓他們的脊椎稍微輕鬆一點。

當我在為了你們手上的這本書蒐集資料時，我以為，這會是一本關於東歐和中歐的書，關於我們如何費盡艱辛脫離共產主義。但於此同時，有著一頭亂髮和瘋狂眼神的人也開始出現在那些從來不知道共產主義為何物的國家。事實是，對改變中世界的恐懼，想要有人來為我們的生命負責（即使是一點點也好），想要有人對我們承諾日子會像從前（也就是比現在好）的渴望——是寰宇皆準的。不只是在轉型之國的我們，半個西方世界也在和有著一頭亂髮、除了空頭支票什麼也給不出來的人調情。只是，這些人把承諾包在沙沙作響的包裝紙中，還假裝那是糖果。

為了得到這些糖果，人們用兩條後腿站起來，開始跳舞。

自由令人疼痛。而且一直如此。我們準備好要為它付出比跳舞的熊更多的代價了嗎？

第一部

一　愛

1.

捷爾吉・米切夫・馬林諾夫（Gijorgij Mirczew Marinow／Gyorgy Mirchev Marinov）把頭埋在右手中，左手把菸灰彈到地上。在德里安諾維茨（Drjanowec／Dryanovets）這裡，土地是深褐色的，有些地方看來甚至接近紅色。我們坐在他那間塗著灰泥的房子前。馬林諾夫大約七十歲，背還沒有駝。在這個多數居民是吉普賽人的保加利亞北方小村，很少男人能活到他這個歲數。

女人的情況也好不到哪裡去。在馬林諾夫的門上，掛著一份不久前的訃聞，上面有一張女人的照片，看起來只比他年輕一點。那是他太太，去年剛過世。

如果你走過這扇門，你接下來會經過一輛馬車，一頭騾子，一堆雜物，然後，你會來到一塊泥土地前。在那中間，有一根插在地上的棍子，那頭叫作薇拉的熊就被綁在這根棍子上，度過了將近二十個冬天。

「我愛牠，牠就像我女兒。」米切夫說。有一瞬間，他的回憶把他帶回那些在黑海邊的早晨。那時候，他和薇拉相依為命，他們面朝大海，很快地咬幾口麵包，然後踏上慢慢變燙的柏油路去上工。這些回憶融化了他，就像那時候的太陽融化那時候的柏油，他忘了手中的香菸，直到手指被燙到。他於是把菸蒂丟在紅褐色的地上，回到德里安諾維茨，回到那棟灰色的房子，回到貼著訃聞的門前。

「神可以為我作證，我愛牠，彷彿牠是人。」米切夫搖著頭說。「我就像愛著最親的家人一樣愛著牠。牠從不缺麵包，喝最好的酒，還有草莓、巧克力和巧克力棒可以吃。如果我辦得到，我會把牠背在肩上。所以，要是你說我會打牠，說牠跟著我過得不好，那你就是在說謊。」

2.

薇拉在悲慘的九〇年代初期來到米切夫家。那時共產制度解體了，而集體農場也隨之瓦解。在這裡，集體農場稱為ＴＫＺＳ，是勞動協同組合（trudowo kooperatiwno zemedielsko stopanstwo／trudovo kooperativno zemedelski stopanstvo）的縮寫。「我曾在ＴＫＺＳ開拖拉機，我開的是一款叫『白俄羅斯』（Białoruś／Belarus）的拖拉機，我很喜歡我的工作。」米切夫說。「如果可以，我會在集體農場工作到死。那裡的人都很好，雖然有時候工作很辛苦，但好處是在室外。我們什麼都不缺。」

但一九九一年，ＴＫＺＳ開始解僱員工。農場的管理委員長把米切夫叫去，告訴他，在資本主義時代，拖拉機駕駛不只要開拖拉車，還要幫忙養牛、播種、收割。米切夫平常就幫別人做許多工作，不明白哪裡有問題。管理委員長說，這些他都知道，但在資本主義時代，即使是那麼能幹的拖拉機駕駛，集體農場也無法僱用十二個。ＴＫＺＳ之前有十二個拖拉機駕駛，現在最多只能請三個。於是，米切夫就被解僱了。

「我拿到三個月的預付工資，然後就得捲鋪蓋走路了。」他回憶。然後又說：「如果你從我家出去，往右轉，再走一段路，站在一座小山丘上往遠處看，就可以看到我們集體農場今天的樣子。那曾是個很棒的農場，有三百頭牛，幾百公頃的地，管理得完美無比！那裡大部分的員工是吉普賽人，因為那樣的工作保加利亞人看不上眼。今天所有的一切都荒廢了，吉普賽人沒了工作，全都失業在家。而拉茲格勒（Razgrad）的牛奶是從德國進口的。看來，德國人開大農場很賺錢，而保加利亞人開大農場不賺錢。」

一九九一年，米切夫必須問自己那個最根本的問題——每個被解僱的人都會這樣問自己——「我還會什麼？」

「我的答案很簡單。」他說：「我會訓練熊跳舞。」

米切夫的父親和祖父都是馴熊師，他哥哥史蒂芬（Stefan）中學畢業後，就開始訓練熊。

「我們家只有我去集體農場工作。」米切夫說：「我想要試試別的生活，因為我已經知道馴熊是怎麼一回事了。很多馴熊師都像我一樣到集體農場工作。但是，我畢竟是在『麥奇卡』（meczka，保加利亞語中的熊）身邊長大的。我知道所有的歌謠、所有的把戲和所有的故事。我親自用奶瓶把我父親的兩頭熊餵大。我兒子出生時，我把他和熊一起養。好幾次我搞錯了，用熊的奶瓶給我兒子餵奶，熊則用我兒子的奶瓶。所以，當我丟了農場的工作，我只知道一件事：如果我想活下去，我必須以最快的速度弄到一頭熊。沒有熊，我撐不過一年。」

「我怎麼找到我的熊？等等，我再抽根菸，然後我會告訴你一切。」

3.

「我到科爾米索斯（Kormisorz／Kormisosh）自然保留區去拿我的熊。那是個著名的狩獵區，聽說，布里茲涅夫（Breżniew／Brezhnev）把我們的共產黨員欠下的十億列弗債務一筆勾消[1]，就為了讓他們帶他去那裡打獵。這是一個在科爾米索斯保留區工作四十年的人告訴我的，但是真是假——我就不知道了。」

「我得先去索菲亞管理森林的政府部門。我有個中學同學在那工作，感謝他的幫忙，我拿到了可以在科爾米索斯買熊的憑證。於是，我就直接從索菲亞到科爾米索斯去。那裡的人聽說過我，因為我哥哥史蒂芬和其他的馴熊師去過，他在那個年代是當紅的明星，曾在黑海的許多高級餐廳表演，甚至連共產黨的高層都會去那裡。他上了好幾次電視，保加利亞很多人都對他有印象。」

「史蒂芬的熊是從索菲亞的動物園弄來的。一個喝醉的士兵跑進熊園，那裡的母熊剛好生了小熊，於是就撲過去，當場殺了他。動物園的人必須將牠安樂死——如果有人被動物殺死，他們就必須這麼做——史蒂芬不知道怎麼地聽說這件事，就去那裡買了一頭小熊回來。」

「在餐廳裡表演時，首先登場的是在煤炭上跳舞的女孩們[2]，接著就是史蒂芬。他一開始會先和熊摔角，而最後，熊會幫餐廳的老闆按摩背部。」

「之後會有一長串的人來排隊，讓熊也幫他們按摩背部。史蒂芬可以賺到很多錢。當然，他必須和老闆對分，但是這筆錢夠他們兩個人分。」

「我於是就去了科爾米索斯，森林管理員要我向我哥哥問好，之後他就把小熊帶來給我。牠才幾個月大——那樣的熊是最好的，牠們還沒有那麼黏母親，就算換人照顧，也不太會鬧情緒。如果熊大一點了才被帶離母親身邊，牠們搞不好會絕食。」

「牠看著我，我也看著牠。我想著：『牠會跟我走，還是不會？』我於是蹲下，把手伸出來，叫：『來，小傢伙，過來。』牠毫無反應，只是不停望著我。牠的眼睛就像兩塊煤炭又大又黑。」

「我告訴你，任何人看到那樣的眼睛，都會愛上。」

「我從口袋裡拿出一塊麵包，放在籠子裡，然後等待，看牠到底會不會拿。牠又看了我一眼，猶豫了一下，但是最後進去了。我於是想：『妳是我的了，無論好壞，我們都要在一起。』熊可以和人一起活三十年，這可是半輩子啊！」

「為了牠，我付了三千五百列弗，但每一分錢我都花得心甘情願，我第一眼就愛上牠了。」

「我把我的資遣費都花在熊身上了，還借了一點。在那個年代，有四千列弗，你可以買一臺莫斯科人汽車（Moskwicz／Moskvitch）。」[3]

「但我的錢也不夠買車。於是，有段路，我和熊一起坐巴士。我覺得很開心，因為所有孩子看到我的小熊都很興奮，想要摸摸牠。我真的遇到了一頭好熊，很友善，很討人喜歡。那時候，我就想：『我要叫妳瓦倫婷娜（Walentina／Valentina）。妳是頭漂亮的小母熊，這是個好聽的名字，很適合妳。』」

「所以牠就叫那個名字了。瓦倫婷娜，簡稱薇拉（Wela／Vela）。」

「之後我們必須改搭火車，薇拉就坐在放行李的車廂。列車長不想收牠的車錢，只求我讓他摸摸牠。我當然同意，但我依然堅持付錢。我的個性就是如此——如果該付錢，我就會付。我們坐車，我總是會給薇拉買全票，即使有人要求摸牠，我也不會少付一毛錢。只有一次有位列車長堅持不收錢，他說，他一個親人生了重病在醫院，他把這頭熊看成是一個好兆頭，可以帶給他的親人福氣。我知道這件事對他很重要，於是我就沒付車錢——只有那麼一次。」

4.

「我最大的問題是得說服我太太，因為我是瞞著她去科爾米索斯的。然後，我突然出現在家門口，身邊跟著一頭熊，我太太快氣瘋了。」

「『你是不是沒大腦啊！我們接下來要怎麼過活？』她大吼，然後用手捶我。我沒還手，只是走出去。」

「我總是試著和我太太和平共處。我得說，我雖然很氣她那樣大吼大叫，但我也不是不能理解。和熊一起生活並不容易，不過當然可以賺到錢。你看到這棟房子了嗎？它能夠蓋起來，都要感謝我們的瓦倫婷娜。如果運氣好，在海邊工作一天，我可以賺到在集體農場一個月的工資。」

「但這種工作也有它的代價。你必須隨時留神，不要讓熊變野，不要讓牠傷害你——薇拉和我們一起生活了二十年，這二十年，我們一刻都無法鬆懈。你永遠也不知道，你的熊體內的本能什麼時候會醒來。我在附近的村子有個朋友叫伊凡．米帖夫（Iwan Mitew／Ivan Mitev），他的熊已經養了十五年，是在馬戲團買到的。你可能會以為完全不用去擔心這頭熊，牠的媽媽和外婆都不知道什麼是自由，牠的本能應該已經很遲鈍了。但有一天伊凡沒把牠綁好，牠就掙脫，跑出去殺了三隻雞，把牠們吃掉。我不知道牠是怎麼辦到的。在我們家，雞好幾次在薇拉頭上跳來跳去，但牠從來沒有想過要殺雞。不過事情就是發生了。那頭熊的本能甦醒了——然後牠開始攻擊伊凡、他太太和孩子，想要咬他們，他們的麻煩可大了。可惜，熊不知道什麼是感恩，牠們不會記得你用玉米和馬鈴薯養了牠們十五年。牠們要是變野，就會咬人。」

「除此之外，馴熊師這份職業常被人看不起。人家覺得我們不正經。長久以來，我很介意這件事，因此從來沒有和薇拉在德里安諾維茨，也沒有在鄰近的村子表演。要到六十公里以外的舒門（Szumen／Shumen），我才會拿出我的古斯爾琴（gęśle／gusle）開始工作。」[4]

「所以，當我太太看到我帶著一頭小熊回家，她馬上就清楚知道這一切會變成什麼樣子。女人很聰明，當我太太看到一個小小、毛毛的東西，她同時也看到了嘲笑的人群、在雨中度過的夜晚、從一個院子晃到另一個院子，只為了掙幾毛錢。」

「但我瞭解我太太，願她在天上安息。我知道，只要能熬過她的怒火，她就會像愛自己的孩子一樣愛那頭熊。」

「果然沒錯。第一個冬天，她就催促我趕快給薇拉做個屋頂，這樣牠才不會受凍。下雨時，她會跑去綁著薇拉的樹下幫牠撐傘，這樣她的小熊才不會淋溼。如果可以，她會把熊養在家裡，就像有些城市人把狗養在家裡一樣。」

5.

「我把小熊帶回家的時候，最令我頭痛的是一個民警（milicja／militia）少校——或者，那時已經不叫民警，而是叫警察？我不記得了，這些改變那麼快，人很難跟得上。他得知我有一頭小熊，於是就跑來對我說：『公民米切夫，我聽說您有一頭熊。我給您七天的時間把牠弄走。』」

「我試圖和他爭辯，說：少校先生，為什麼會這樣？我的熊是合法買來的，我有科爾米索斯的購買證明。除此之外，因為你們的轉型，我失去了我的工作，現在您好歹讓我做些別的事啊！」

「但是少校聽都不想聽。『您有七——天——的——時間。』他說。『公民米切夫，我不想再說第二遍。』」

「他的行為真的很詭異。因為那時在我們村子裡有六頭熊，其中一頭是我哥哥史蒂芬的。

為什麼這個少校只找我的碴？我不知道，也許他受夠了熊？也許他想要索賄？我沒問，熊是合法買來的，我沒理由給他錢。我於是去了舒門的文化部代表處，告訴他們我會出電話費，請他們幫我打電話到索菲亞確認我具備所有的文件。你不能非法養熊，獸醫必須給牠做檢查，而且文化部必須承認我的節目具有很高的藝術價值。文化部承認了，拉茲格勒的政府還給我另一份文件，這樣少校就不能再來找我的麻煩。」

「於是，他就沒有再找我的麻煩了。他只說會好好盯著我，我還看過他兩次，之後他就消失了。」

「剩下的只有訓練方式，有兩種流派。」

「有一派的『麥奇卡達爾』（meczkadar／mechkadar，保加利亞語的馴熊師）很嚴厲，他們會打熊，扯牠的嘴，還會踢牠。」

「我從來都不那麼做。第一，我的個性不是如此——我是比較溫和的那一派。第二，我父親總是對我說：神什麼都看得到。神給了你這頭熊，如果你不好好待牠，這就像你在汙辱神一樣。我相信這一點，因為我看過很多事，有好幾次，都是不同的馴熊師所遇到的事。要是你做了壞事，神遲早會懲罰你。」

「被歐打的熊會等著向你復仇。我有個朋友，他會用火鐮打自己的熊。熊一看到火鐮，就會躲得遠遠的。但有一次他沒帶火鐮去找牠，牠就狠狠地咬他。」

「另一個證據則是伊凡．米帖夫，我有講過，他的熊學會吃雞。他做了世界上最笨的事。他嚇壞了，於是去找一個獵人幫他。他們讓熊跑進森林，獵人就開槍把熊殺了。幾個月後，伊凡自己也心臟病發死了。我跟你說過，神會看到你對自己的熊做了什麼，如果你做壞事，祂遲早會懲罰你。」

「我永遠都不會打熊。薇拉？老天，我只要一想到要打牠，就會流淚，我寧可折磨我自己。」

「那我是怎麼訓練牠的？很簡單，我會把牠帶到離村子遠一點的地方，帶上我的蓋杜卡（gadulka），也就是古斯爾琴，還有一些糖果。我會開始演奏，然後試著要牠用兩條後腿站立。如果牠站起來，就會得到一顆糖。」

「牠很快就學會了。直到後來，當春天到來，我才開始教牠比較複雜的把戲。比如，我會說：『薇拉，讓我們看看，新娘是怎麼吻婆婆的手。』當我們開始在全國各地巡迴，薇拉會惟妙惟肖地親吻女士們的手，她們都給了很高的小費。」

「我們以前有一個很有名的體操選手叫瑪莉亞．吉哥瓦（Maria Gigowa／Maria Gigova），很受歡迎，即使在她的運動員生涯結束後依然如此。有時我會和薇拉站在市中心然後說：『薇拉，讓我們看看，吉哥瓦是怎麼拿到獎牌的。』然後薇拉就會跳來跳去，巧妙地合掌，最後一鞠躬。人們哈哈大笑、拍手、拍照，我們就會賺到一些錢。」

「還有一個來自舒門的舉重選手，楊科．魯瑟夫（Janko Rusew／Yanko Rusev），他得過奧林匹克金牌，還得過五次世界冠軍。我會說：『親愛的，讓我們看看，魯瑟夫是怎麼舉重的。』牠就會蹲下，把手擺成像是舉重選手舉槓鈴那樣，然後粗重地呼吸。」

「而當我們傑出的足球員赫里斯托．斯托伊奇科夫（Christo Stoiczkow／Hristo Stoichkov）開始在巴塞隆納足球俱樂部（FC Barcelona）踢球，我就說：『薇拉，讓我們看看，斯托伊奇科夫是如何假摔的。』薇拉就會躺在地上，抓住一條腳，然後痛苦地哀嚎。」

「有些馴熊師會做和政治有關的的表演。比如關於日夫科夫[5]，關於他的人，或後來的政府。尤其在日夫科夫下臺後，就有了幾百個關於他的笑話。」

「我從來都不喜歡這樣。第一，沒事最好不要去惹政府，因為我還記得那位少校，他等著要抓我的把柄。沒人知道新政府可以持續多久，但少校不管怎樣都會在。」

「第二，我這輩子都信奉共產主義。在二戰之前，吉普賽人誰也不是。戰後，吉普賽人有了權利、工作、房子，可以學讀書寫字，保加利亞人也開始稍微尊重我們——這一切都要感謝共產主義。」

「在共產時期，保加利亞人也過得比較好了。在我們這裡，聖喬治節（Dzień Świętego Grzegorza／Saint George's Days）時要宰羊慶祝。以前，在我們村子裡，幾乎每個人都有錢在這一天買羊宰來吃。今天，整個村子裡只有幾個人會殺羊。以前僱用了幾十個人的集體農場，今天只雇用了三個人，而且有時拿得到錢，有時拿不到。當我聽到有人說，共產時代是犯罪的時代，我感覺很不好，因為大家所記得的共產時代是完全不同的。」

「對我來說，共產時代是個美好的時代。我甚至覺得遺憾，那時我還沒有熊。那時大家心情比較好，也比較快樂。而今天呢？他們很焦慮，每個人都像是追著自己的尾巴跑。」

「你瞧，這個站在門前的男孩，是我的孫子伊凡（Iwan／Ivan）。他是我的孩子當中最聰明的。他剛通過高中會考，成績很不錯，你甚至會希望他繼續讀下去。」

「如果伊凡的爺爺今天有熊，他就會坐上汽車或是公車，只要爺爺還有一口氣在，就會到處去巡迴，從瓦爾納（Warna／Varna）跑到布爾加斯（Burgas），只為了替這個孩子存大學學費。也許過幾年，我們家就會出一個工程師。在馴熊師的家庭，也有過這樣的例子。」

「但是我沒有熊，講這些也是白費力氣。這孩子考完高中會考，就得去找工作，不能繼續念大學。」

「所以，我從來都不會嘲笑共產主義者。不過，我有個朋友會開西美昂沙皇（car Symeon

／Tsar Simeon）的玩笑。[6]他以前是我們的總理，他上臺執政時，承諾會在百日之內改善保加利亞人的生活。我朋友會在表演時對熊說：『親愛的，給大家看看，西美昂沙皇是怎麼改善保加利亞人的生活？』熊就會躺在地上，用手遮住臉，然後發出可怕的叫聲。」

「這是個很棒的把戲，它很傳神地告訴你，當我們沒了共產主義，保加利亞人的生活產生了什麼改變。」

6.

「除了表演把戲，人們還想要熊幫他們按摩、為他們治病。如果有人病得很重，醫生已經沒辦法幫助他，他就會去找馴熊師。熊會躺在病人身上，人們相信，這樣他的病就會轉移到熊身上，因為熊高大又強壯，所以這個病不會傷害牠。我跟你說，這有幾分真實性。因為以前我還會去市集巡迴時，我每年都會來到同樣的村莊。我直到今天都記得這些市集的日期：魯索卡斯特羅（Rusokastro），五月六日；卡門諾沃（Kamenowo／Kamenovo）五月二十四日；博雅濟克（Bojadzyk／Bojadzhik）六月二日，諸如此類。」

「有好多次，我在市集上遇到許多人，一年前他們看來已經快死了，但當薇拉躺在他們身上後——他們就康復了。他們會來謝謝我們，帶甜食給薇拉，並對我說：『是您的熊救了我一命。』」

「按摩又是另一回事了。如果你脊椎痛，沒有比熊更好的治療了。治療的方式是這樣的：病人趴著躺下，然後熊把手掌放上去，由上到下按摩。帶你來這裡的村長應該還記得，我以前曾和薇拉一起到她家，幫她爸爸按摩。她那時是個小女孩，以為爸爸會出什麼事，還嚇哭了。於是我必須假裝自己已離開那裡，等她媽媽把她帶到別的房間，我們才開始按摩。那真的有幫到他。治療是我唯一同意在自己的村子做的事，而表演——我從來都不同意，因為我覺得很不好意思，但你不能拒絕給人治病。」

「如果薇拉生病，那我自己就會幫牠治病。我很清楚牠哪裡痛，牠身體不舒服時，我看得出來。我和薇拉能彼此瞭解，我們的默契甚至超過我和其他許多人。我只要看牠一眼，就能明白牠想對我說什麼。」

「如果牠牙痛，就會用手掌指指嘴巴，我就會用棉花沾一點拉基亞酒（rakia）放上去給牠止痛。[7]因為我沒有敲掉牠的牙齒。其他的馴熊師因此嘲笑我，說等有天牠咬了我，我就知道自己活該了。也許我真的很笨。不過，有次一個喝醉酒的學生試圖用香菸燙牠，牠只是用牙齒咬住學生的胳膊，但沒有咬下去。所以，也許我的教養是有意義的？因為如果牠咬下去，我們就完了。牠會被安樂死，我會被抓去關，而那個學生直到今天都會缺一隻胳膊。」

「我給牠吃很好，因為如果牠肚子餓，就不會想工作。牠每天可以吃掉八條麵包。有句保加利亞諺語是這樣說的：『饑餓的熊不會跳霍拉舞（choro／horo）。』霍拉舞是我們的民族舞蹈。[8]我完全同意這句話。你如果不給動物東西吃，就別指望牠會為你工作。」

「我們一個月給牠洗一次澡，因為牠很喜歡泡澡。我們會拿一個大浴缸來，薇拉會坐進去，然後我和我太太會把熱水倒進去。牠在我們這裡沒有過得不好。你說，你在某處讀到馴熊師會讓熊站在火熱的鐵板上，訓練牠們跳舞，這只是編出來的故事。也許二戰以前會這樣做，我不知道。但是戰後一定沒有。我甚至不允許薇拉走在發燙的柏油路上，免得牠的腳燙傷。」

7.

「我真的很幸運，遇上了一隻不用折磨牠，也不用打牠，就學會把戲的熊。我沒法那樣對牠，如果我無法用我的方式訓練牠，我寧可把牠賣掉。」

「幸好，牠自己也很喜歡表演。牠有藝術家的天性，喜歡看人們拍手叫好、大笑、給牠小費，或是給牠喝酒，這牠最喜歡了。我敢說，當牠來到那些人為牠準備的保留區，牠一定會想念這些演出。」

「但是，在有些日子——牠就像個真正的藝術家，不願意表演。我說：『薇拉，讓我們看看，吉哥瓦怎麼跳過跳馬。』而牠只是吼叫、鬧情緒、抱怨。這很正常——牠這一天過得比較差，就不想工作。我總是尊重牠。有時，在這樣的日子，我和薇拉會站在樂透投注站旁邊，買樂透的人會摸摸薇拉，希望有好手氣。或者，我們就給自己放一天假。」

「唯一我必須折磨牠的時候，是我把『哈卡』（holka）穿到牠鼻子中的那一次。」

「我把牠帶到森林。」

「我生了一小堆火。」

「我燒紅了金屬棍。」

「我對牠說：『這會讓妳痛一下，孩子，但必須如此。否則我們沒法控制妳。妳要不就會傷害我，不然就是傷害其他人。』」

「沒有別的路。『哈卡』就像是方向盤，沒有牠，你無法把熊帶到你要去的地方，因為牠會掙脫，而熊可是有兩百公斤重啊。」

「首先，我用燒紅的棍子在牠鼻子中打洞。」

「牠猛烈掙扎。」

「並且吼叫。」

「牠試圖從我手中逃脫，但我用盡全力，用膝蓋和手肘夾住牠。」

「我一點都不覺得意外。熊的鼻子很敏感。除此之外，我做得也不是很好，笨手笨腳的。畢竟，薇拉是我的第一頭熊。我哥哥史蒂芬一定會做得更好，但我不能請他幫我。這很重要：給熊上『哈卡』的人，一定得是之後照顧牠的馴熊師。為什麼？因為熊會一輩子記得這件事：你給牠穿了鼻環，這表示你是牠的主人。『哈卡』像是方向盤，而你則是握著車鑰匙的人。」

「最後，我終於成功地在牠鼻子裡穿了洞。牠流了點血，然後是膿。薇拉拚命大吼、掙扎，看來十分害怕。」

「我很快地把鐵絲穿過洞，然後用鉗子把它彎起來。之後一個鐵匠幫我把它弄緊，這樣就永遠不會掉。之後幾天，薇拉還會一直去摸鼻子。但幾天後牠就忘了這一切，把『哈卡』當成是自己鼻子的一部分。」

8.

「我太太在過世前對我說，她無法想像比和薇拉在一起的日子更好的生活。當那些人在二〇〇六年把薇拉從我們身邊奪走，她很不能接受。我倆有一個月的時間都吃不下東西，我們想牠想得要命。我到今天都還會想牠。我太太已經去另一個世界了。他們把薇拉帶到貝利察後的幾個月，她就病了。」

「有天我對她說：『走吧，我們坐公車去那裡，去看看我們的薇拉過得怎麼樣。牠還認得我們嗎？牠已經變野了嗎？還是牠還會跳舞呢？如果牠看到我們還會跳舞，這就表示牠還愛著我們。因為牠愛我們，就像我們愛牠，這點我敢肯定。』

「但是我太太只是揮了揮手。『那樣我就得和那些把牠搶走的土匪說話，我不想。』她說。」

「對她來說，薇拉的離去是她人生中最大的悲劇。她認為我們遇上非常不公的事，那些人奪走了我們的家人。」

「不只她，我也是這樣想的。」

譯注

1 布里茲涅夫（Leonid Brezhnev，一九〇六—一九八二），曾任蘇聯最高領導人。列弗（lew／lev）是保加利亞的貨幣。

2 在燃燒的煤炭上跳舞是保加利亞的一種傳統儀式，叫做Nestinarstvo，源自黑海附近的山區，原本是在聖康斯坦丁節和聖海倫節時表演，具有祈福的作用。後來這個儀式被大量商業化，於是在一些黑海的度假勝地也可以看到。

3 「莫斯科人」是一個蘇聯汽車品牌，曾是蘇聯汽車業第一大廠，但在二〇一〇年破產倒閉。

4 古斯爾琴是一種流行於東南歐的弓弦樂器，弓弦用馬尾製作，演奏者會把琴放在膝上演奏，一邊演唱。

5 托多爾·日夫科夫（Todor Żiwkow／Todor Zhivkov），從一九五四到一九八九擔任保加利亞共產黨中央委員會第一書記，是中歐及東歐前社會主義國家中在位最久的領導人。

6 西美昂二世（Symeon II），保加利亞最後一任沙皇，二〇〇一年到二〇〇五年任保加利亞總理。

7 拉基亞酒是在巴爾幹半島流行的水果白蘭地的通稱。

8 霍拉舞是一種圓圈舞，可在巴爾幹半島及一些東歐國家看到。

二　自由

1.

阿米爾・卡力（Amir Khalil）醫生從史坦內夫一家人手中拿走熊的那一天，他們一輩子都不會忘記。

那是二〇〇七年六月的某一天，在小村格采沃（Gecowo／Getsovo），天竺葵街（ul. Pelargonia／Pelargonium Street）上綠意盎然。在一棟灰色、沒有塗灰泥的雙連屋前，從一早開始，汽車就載來了記者、動保人士、警察和地方行政官員。看熱鬧的人和鄰居也擠在屋子前，除此之外，還有一群孩子在大人之間跑來跑去，用棍子丟車子，無憂無慮地玩耍。所有人都想看，跳舞的熊這野蠻的傳統是怎麼結束的——隔天媒體就是這麼說的。再過一會兒，所有人會在此見證歷史性的一刻，然後圍觀者會跑去把這一刻告訴鄰居，而記者則會告訴全世界的觀眾。

在雙連屋右邊的房子住著迪米特里・史坦內夫（Dymitr Staniew／Dimitar Stanev），一個留著鬍子的高壯男人，和他太太瑪莉卡（Maryjka／Maryka）。

而在左邊的房子，則住著他的兩個兒子，還有他們的妻兒。

這三對夫妻都有自己的熊。這已是他們的習俗——馴熊師會住在一起，而且都有血緣關係。這些人會形成多代同堂的大家族，把國家分成許多小區域，這樣才不會擋到別人的生意，或搶走別人的客戶。

或者該說，那是從前的習俗。因為史坦內夫一家是保加利亞和歐盟最後的馴熊師家庭，這就是為什麼有那麼多圍觀者和記者。某事將會一去不返地結束，而人們喜歡這種不可挽回的終結。

在迪米特里六十年的人生中，除了訓練熊和與熊一起表演，他沒有做過別的工作。全保加利亞的馴熊師都會來這裡向他學習專業技巧，有時還會拜託他幫他們買一隻小熊。人們說：迪米特里是個油滑的老狐狸，最關心的是自己的利益，但他也很有個人魅力。除此之外，很少有人像他這麼瞭解馴熊這門技藝，他總是能傳授一些祕訣，也總是知道，誰手上有小熊可賣。

他那留著小鬍子，嘴角總是叼根菸的弟弟龐丘・史坦內夫（Penczo Staniew／Penczo

Stanev）也是個傳奇。有次，某家動物園的園長給他開的價錢太高，龐丘就自己到森林裡抓了一頭熊回來。其他的馴熊師提起他們的祖父或曾祖父時，會說出類似的故事，但在二十世紀，自己跑到森林裡去抓熊？這簡直聞所未聞。巴爾幹半島的吉普賽人多年來都從動物園園長或獵人那裡買熊，抓熊的事只在傳說中聽過。於是，龐丘立刻贏得了所有圈內人的尊敬。

幾個星期前，史坦內夫一家人在公證人那裡簽下合約。在七年的爭鬥後，他們終於同意把自己的熊交給四掌基金會。

「史坦內夫一家的熊，是文明世界中最後的跳舞的熊。」四掌基金會的人說，而這個計畫的負責人，奧地利的獸醫阿米爾．卡力則露出大大的微笑。

攝影師們正在為自己找一個好的拍攝位置。這並不容易：因為所有的一切都將在吉普賽人的房子和他們保加利亞鄰居的圍籬之間發生。「該怎麼取景？」攝影師們想，到底要站在車頂，還是把錄影機背在肩上，或是要爬到樹上？

「這是個躺著做都有人看的話題。」多年後，一個當時也在現場的保加利亞女記者對我說。「你有一群吉普賽人，他們用綁架或非法購買的手段弄到小熊，然後把他們稱為『哈卡』的金屬環穿到這些小熊鼻子中。熊的鼻子非常敏感，把一個東西穿到牠們鼻子中，就像把生鏽的釘子穿過男人的陰莖。而他們一輩子都用這東西牽著熊的鼻子走，用這種方式強迫牠們跳舞。這看了真令人難過。這些動物很顯然是被虐待的。我在那裡的那一天，覺得很驕傲，四掌基金會終於讓這一切苦難畫下句點。」

2.

為了讓熊順利交接，所有人都已做好萬全的準備。

警察準備好要面對反抗。史坦內夫一家總是努力和政府維持良好關係，但這附近的所有人都知道，熊對他們來說是最重要的。為了不把熊交出來，他們想盡了一切辦法。

地方行政官員準備好迎接成功。對整個地區來說，再也沒有比這更好的宣傳了——畢竟，歐洲各大報的記者都來了。

圍觀的群眾則準備看一場熱鬧。

如果有誰還沒有準備好，那就是緊張地動來動去的、不明白這一場突來騷動的熊。

3.

史坦內夫一家關起門來等待。家裡有迪米特里、他的妻子、兩個兒子和一群孫兒。除了他們一家，還有當天的主角：熊。

十九歲的米修（Miszo／Misho）、十七歲的斯維特拉（Swietla／Svetla）和六歲的米瑪（Mima）和史坦內夫一家人坐在一起，戴著牠們的「哈卡」，每個金屬環上都繫著一條鐵鍊。

米修從一早就開始擺姿勢讓人拍照，然後牠會從攝影記者手中拿到巧克力和士力架巧克力棒當獎品。迪米特里的兒子，維塞林．史坦內夫（Weselin Staniew／Veselin Stanev），為了讓大家看他們一家和熊有多親，甚至把他幾個月大的兒子的腳塞到米修嘴裡。米修只是舔了舔他的腿。對維塞林來說，這是他們人熊一家親的最佳證據——畢竟，野生的熊會先把嬰兒吃掉，然後再吃掉維塞林，最後把記者和他們的攝影機吃乾抹淨。但米修不是野生的熊，而是——維塞林在此強調——史坦內夫家的一分子，完完全全，享有家人的待遇和權利。

十點整，阿米爾．卡力醫生敲了史坦內夫家的門，為了改變這幾頭熊的生活，把牠們帶到彷彿是旅遊手冊圖片的夢幻所在：一座有著松樹林、游泳池的公園，還可以遠眺里拉山脈（Rila）。

阿米爾・卡力醫生對史坦內夫一家說了什麼？八成是這種情況下的典型臺詞：「您好，根據合約，我們來這裡接你們的熊。」

或更簡單的：「你們知道，我們是為何而來。」

比這更重要的是，之後當史坦內夫一家人把熊塞進為此目的準備好的籠子時，阿米爾・卡力醫生會對記者們說什麼。

他會說：「各位女士先生，在二〇〇七年六月十四日，跳舞的熊這項傳統在保加利亞畫下句點了。」

4.

如果卡力醫生在說這些話的時候，他那些穿著絨毛制服（上面印有四掌基金會標誌）的同事，能一個接一個地把米修、斯維特拉和米瑪從史坦內夫家搬出來，那就太好了。這在新聞上看來會很讚，而電臺記者會得到有趣的音效——比如熊的吼叫聲。既然四掌基金會是靠捐款在運作，他們必須確保媒體取得良好的影音效果。攝影記者也會拍下許多精采的照片，整件事會圓滿落幕。

但實際狀況卻沒有這麼順利。

首先，維塞林．史坦內夫讓阿米爾．卡力醫生站在門外，自己走出來對記者們說，如果有人想要在他們家拍一些最後的馴熊師把最後的熊交出來的獨家照片，那就要付一千歐元。

「我對他說，他大概是頭殼壞去了。」四掌基金會的瓦西爾．狄米特羅夫（Wasil Dimitrow／Vasil Dimitrov）說。「我說，我不打算把這翻譯成英文。但他很堅持，所以我就告訴記者們，雖然我覺得很蠢，但這個愚蠢、貪婪的吉普賽人說，如果你們想拍照，就得付一千歐元。為什麼愚蠢？不然你要怎麼形容這種行為？然後你知道嗎？一個德國電視臺的記者就真的從口袋裡掏出錢，這些德國人總是令我嘆為觀止。」

狄米特羅夫、德國拍攝小組、史坦內夫一家人和籠子就這麼消失在沒有上灰泥的房子門後。

他們沒花什麼力氣，就把最小的米瑪弄進了籠子。史坦內夫家的二兒子把一塊麵包放進籠子的角落，然後狠狠地瞪著牠，因此熊甚至沒有試圖反抗。

但另外兩頭熊就沒那麼好對付了。

「牠們在哭。」迪米特里的妻子瑪莉卡說。「我知道這難以置信，熊竟然會像人一樣哭泣。

但是我和這些熊一起過了半輩子，我知道牠們在說什麼。牠們眼中流出了豆大的淚水。」

「我是不知道牠們有沒有哭啦。」瓦西爾・狄米特羅夫聳了聳肩說。「我只知道，史坦內夫一家人並沒有讓整件事變得容易。是他們一直在哭叫、跑來跑去，一下跑向我們，一下跑向熊。奶奶在抓頭髮，爺爺則甩著棍子，罵我們是小偷。他們的兒子祝我們在地獄下油鍋，這一切對熊肯定沒什麼好處。米瑪已經在籠子裡，斯維特拉也奇蹟似地被說服了，而米修則說什麼都不肯進去。史坦內夫一家人和牠對抗了一個小時，維塞林和迪米特里試著說服牠，把甜食放在籠子裡，對牠低聲耳語。而米修什麼反應都沒有，只是用兩條後腿站著，不斷地吼叫、喘氣。」

「維塞林說：『我可以用蠻力扯牠的鏈子，把牠拉進去，但如果金屬環斷了，我不知道會發生什麼事。也許牠會把我們都撕成碎片。別忘了，這是頭野獸，如果牠的本能被喚醒，我們就完了。』」

「他們希望我們和德國電視臺的人先從他們家裡出去。德國電視臺的人立刻就同意了，畢竟他們已經拍了兩頭熊，幹嘛還要冒這個險？」

「但是我怕米修的反抗又是吉普賽人的另一個把戲。我不相信他們所說的任何一個字，於是我說：我會留到最後。」

「他們老大不情願地同意了。德國人出去後，迪米特里把自己的小孫子叫過來，那孩子看來差不多五歲。他走進房間，對著熊的耳朵說了些什麼，抱了抱牠，抓了抓牠，又摸了摸牠的毛，之後就自己走進籠子。」

「米修彷彿是被催眠似地，也走進了籠子。」

「我目瞪口呆。我意識到，如果那孩子出了什麼事，就算熊只是把他輕輕抓傷，我們的大日子就毀了。」

「所有人──不管是熊、史坦內夫一家人還是我──都很緊張。我怕有人會大叫、有東西會發出砰的一聲、有人會來敲門，然後米修就會因壓力而做出什麼蠢事。熊爪有六公分這麼長，如果牠動爪子，那男孩的臉就會變成肉餅。真的，情況是千鈞一髮。」

「你問我為什麼同意讓他進去？沒有人問我的意見啊！在我意識到發生什麼事之前，他們就這麼做了。」

「除此之外，我們很希望能不用麻醉針就讓熊離開這裡。我們會把熊帶到我們基金會在貝利察設立的公園，那公園在皮林山脈（Pirin）之間，從吉普賽人手中拯救出來的熊都會被帶到那裡。在公園，我們必須暫時給熊麻醉，這樣才能為牠們做檢查。這個麻醉針不能太常用。所以，如果這些吉普賽人知道如何讓熊不打麻醉針就進入籠子，為什麼不試試看？他們和這些熊住在一起，那孩子是他們的小孩，他們應該知道自己在做什麼吧？」

「我們把籠子一邊的門關上了。米修很平靜。剩下的問題是：怎麼把男孩從裡面弄出來。」

「我們用來裝熊的籠子有兩個門，兩側各一個。男孩的父親告訴他，要他把頭盡量接近另一側的門，他會很快把門打開，然後男孩就可以跳出來，而熊則留在籠子裡。」

「問題是，男孩一點都不想從籠子裡出來。他一下抱熊，一下摸牠的毛、親牠的頭，根本不想和熊分開。」

「情況愈來愈緊張。斯維特拉和米瑪開始低吼。維塞林氣得要命，開始咒罵，但是很小聲，這樣才不會讓熊更緊張。所有人都在等迪米特里爺爺做些什麼。說一個字催眠熊或男孩、咳嗽、吐口水，什麼都好，只要能解決這個難題。」

「但是爺爺什麼都沒做。他只是看著窗外，彷彿他不在此地。」

5.

沒有人能料到，把迪米特里爺爺送進墳墓的疾病，就在那天露出了第一個徵兆。

6.

過了冗長的幾分鐘。最後，男孩的父親維塞林終於讓他清醒過來。四掌基金會的瓦西爾把門打開，男孩從籠子裡滾了出來，然後門又被關上。

攝影師終於可以進行拍攝，記者們也等到了高潮——歐洲最後一頭被虐待的熊，現在終於能享受自由了。

「去籠子裡享受。」有人低聲說。但這輕微的惡意，並沒有擾亂歡欣鼓舞的氣氛。

7.

史坦內夫一家人依然試圖擾亂氣氛。小薇莎琳娜（今天她已經十六歲了）還記得父親如何對卡力醫生大吼。當不知所措的熊——不知所措，因為牠們不知道醫生要帶牠們去熊類夢想中的天堂，有著松樹、游泳池和自由——開始吼叫，試圖從籠子裡逃出來，維塞林大吼：「是誰在這裡虐待熊?!是誰?!」

他之後又說：「牠們在我們家從來沒被關在籠子裡。一個都沒有。一分鐘都沒有。牠們和我們住在一起，我們吃什麼牠們也吃什麼。」

「但是你們會打牠們。」一個記者脫口而出。

「我有時也會打小孩，那你們也要把我的孩子帶走嗎？」史坦內夫怒吼。「我可以問心無愧地說，牠們過得沒有比我們差。」

記者們後來引用了吉普賽人說的話，但只把它當成一種奇聞：他之前虐待動物，現在竟然還敢大言不慚。記者們有個傾向，他們把熊的新生活介紹得繽紛多彩（甚至太過繽紛多彩了），而把舊的生活說成是無止盡的苦難。「奴隸終於獲得自由。」「保加利亞的熊終於不用受苦了。」隔天，地方上的報紙這麼寫道。

聽到熊吃的和史坦內夫一家人一樣，卡力醫生只有搖頭的分。他基金會的工作人員很樂意和感興趣的人解釋：熊和人吃一樣的食物，是很糟糕的事。熊應該吃多種類的食物，因為在大自然中，牠們幾乎什麼都吃：水果、蔬菜、堅果，而不是像史坦內夫一家人吃麵包、油渣拌馬鈴薯、薯條和甜食。因此，對於那些自稱為馴熊師的人所說的蠢話，四掌基金會的人只能嘆氣。

救護車（那是特別為了運熊而準備的）的車門關上了。駕駛發動引擎，打開空調，調到適合熊的理想溫度，也把亮度調暗，根據動物心理學家的說法，這可以讓牠們平靜下來。

救護車的錢來自西方善心人士的捐贈，他們心心念念的就是保加利亞熊的福祉。

再過八個小時開往里拉山脈的旅程，熊的夢想——牠們還不知道這夢想是什麼——就要實現了。

8.

到貝利察跳舞熊公園（Park Tańczących Niedźwiedzi／Dancing Bears Park）的路，是一條

蜿蜒通過山谷的美麗道路。但是，因為時間和山泉的沖刷，這條路上的柏油幾乎全都翻起來了。

如果米修、斯維特拉和米瑪還算能忍受從格采沃出發的長途旅程，這最後的十二公里路卻可能會顛簸到讓牠們吐出來。救護車三不五時就遇上坑洞，駕駛則頻頻低聲咒罵，抱怨當地政府多年來無法和省政府商量好，解決修路的問題。

抵達公園後，會先把熊麻醉，然後獸醫會為牠們做必要的檢查：血液、血壓、牙齒及眼睛，還有生殖器官的狀況。

所有的熊都有皮毛和牙齒的問題。「第一，因為牠們的主人經常給牠們吃甜的。」跳舞熊公園的園長，迪米特里·伊凡諾夫（Dimitar Iwanow／Dimitar Ivanow）說。「第二，吉普賽人經常在熊還小的時候，就把牠們的牙齒打掉，這樣他們就可以確保熊不會咬人。至於熊會因此無法好好咀嚼食物，然後生病，他們並不在乎。我們所有的熊牙齒都有問題。每年一次，德國的牙醫會來治療牠們。」

米修的檢查結果是最糟的。「這在我們預期之中。」園長伊凡諾夫說。牠幾乎沒有毛，而如果熊脫毛，這就表示牠的健康問題很令人憂心。除此之外，牠還有高血壓，眼睛也嚴重感染。我們從索菲亞找來眼科醫師幫牠醫治，現在牠已經可以正常看東西了。」

「另一個我們必須處理的，是牠們的甜食及酒精上癮的問題。您是否知道，吉普賽人會特地把熊灌醉，這樣牠們就不會反抗？他們這麼做已經幾百年了。如果有誰對酒精上癮，他就沒有力量反抗。」

「我們必須花許多力氣矯正這些熊的習慣，畢竟，牠們過去二十年每天都會喝酒。如果我們突然停止供應牠們酒精，牠們就會死。所以我們必須用持續漸進的方式勒戒。今天，我可以驕傲地說，我們所有的熊都戒酒了。」

9.

麻醉清醒後的頭幾天，熊會被安置在小小的洞穴中，那是公園的工作人員特別為牠們挖的。迪米特里．伊凡諾夫說：「牠們必須習慣新的氣味、新的地方、新的食物。我們會給牠們幾天的時間，然後才把牠們放出來。」

放出來，迎向自由。

對熊來說，自由造成的衝擊如此強烈，不能讓牠們從籠子裡出來後，就直接進入森林。

得給牠們幾天的時間適應。

自由是新的挑戰。

新的聲音。

新的氣味。

新的食物。

自由是一場巨大的冒險。

「當我們終於把牠們放進森林，牠們不知道該怎麼辦，這自由甚至會讓牠們暈頭轉向。」一個公園的工作人員補充。「牠們什麼地方都想去，什麼東西都想拿來看看，什麼事都想嘗試。我一點都不覺得奇怪，如果有人二十年來都被鐵鍊拴著，這是正常的反應。」

三 談判

1.

瓦西爾不過四十出頭，有著一頭遮住臉的黑髮，他身上有種已經學會了如何與大城市的人打交道的小鎮男孩魅力。他在貝利察的跳舞熊公園工作。他在這裡出生、上完中學，也是在這裡開始自己的ＤＪ事業——這份事業後來把他帶到索菲亞、金沙灘（Złote Piaski／Golden Sands）和布爾加斯的夜店。在外闖蕩多年後，他終於在十幾年前回到這裡，他決定改變自己的生活，於是遞了履歷給跳舞熊公園。

「面試時，當時的園長問我：你為什麼要放棄ＤＪ的生活，和我們一起工作？我板著臉回答：跳舞的熊也許會需要ＤＪ。」瓦西爾說。「他們都笑了。但當他們看到我曾學過獸醫，就立刻給了我這份工作。當ＤＪ讓我覺得有點無聊了，我想在這裡落腳，過平穩的生活。」

六年來，他成功拿到超過二十頭熊，幾乎是這裡所有的熊，也包括最後那幾頭：米修、斯維特拉和米瑪，只有一開始的兩頭熊不是靠瓦西爾的協助來到這裡。

「這份工作中最關鍵的，是第一次的談判。」瓦西爾看著我的眼睛說，彷彿想要確定我懂他的意思。看來，這樣的談判既微妙又複雜，不是每個人都能立刻明白。幸好，瓦西爾很快就開始解釋：「你不能跑到吉普賽人的家門前，敲敲門然後說：『你好，我這裡有個籠子，我是來拿走你的熊的。』熊主人可能不在家，就算在家，他可能會反抗。他也許不會開門，吉普賽女人會開始尖叫，然後附近的鄰居都會跑來看。」

「交回熊的事必須很早就開始準備。只有對媒體和捐款人來說，這件事才會看起來是自然而然發生的。我們開著一輛車到熊主人家門前，他把熊交給我們。而實際上，要把事情談攏，得花好幾個月時間。你得和熊主人坐下來談，一次，兩次，三次。和他們建立交情，互相信賴。」

「如果沒有互信，沒有人會把熊交出來，他們寧可把牠殺掉。已經有過這樣的案例了。有個住在魯塞（Ruse）附近的吉普賽人無法應付自己的熊，於是就把牠殺了。他本來可以把熊交給我們的，只是他很害怕——怕有罰金，怕管區會逮補他，怕被抓去關。在吉普賽人的圈子中，流傳著這樣的謠言：如果他們不把熊交出來，我們甚至會沒收他們的房子。這根本就是鬼話，我們永遠都不會這麼做。但是他們很無知，就是會相信這種故事。」

「這就是為什麼他們必須認識我們、喜歡我們，並認為我們是站在他們那邊的。」

我和瓦西爾站在跳舞熊公園的露臺上。在我們正前方是皮林山脈，可以看到二千九百公尺的山頂維赫倫峰（Wichren／Vihren）。右邊則是里拉山脈，上面矗立著被聯合國教科文組織列入世界遺產的里拉修道院（Rylski Monastyr／Rila Monastery）。

在我們下方，則是一塊十二公頃的地，奧地利的四掌基金會把它變成熊的天堂。從吉普賽人控制中脫離的熊在這裡有游泳池、許多玩具，以及每日營養豐富的三餐。

這露臺看起來像是一艘戰艦，它的船首深深探入卡其綠的森林。在這濃密的綠意中，穿插著藍灰色的細線，和小小的褐色斑點。

褐色的斑點是那些離開了吉普賽主人的熊。

藍灰色的細線則是通了電的鐵絲網，自由也有它的界線。

2.

要來到這裡，你得從滑雪勝地班斯科（Bańsko／Bansko）出發，往著名礦泉水產地韋林格勒（Welingrad／Velingrad）的方向前進。

途中你會經過一座窄軌火車的高架橋，如果在別的國家，它會成為一個知名的觀光景點，但在這裡，它只是一座讓車子通過，讓人循著美麗路徑、穿過山林、從多布里尼什特（Dobriniszte／Dobrinishte）到達塞普泰姆夫里（Septemwri／Septemvri）的橋。

到達高架橋之前，你必須留意尋找一個招牌，上面有一頭大大的、褐色的熊，旁邊寫著 Парк за танцуващи мечки——跳舞的熊公園——還有十七公里。

你必須穿過橋底下，然後經過一座大門深鎖的東正教小教堂，再經過一片玉米田。一開始的四公里，是通往貝利察的柏油路。這個小鎮有兩座塔：一座塔屬於山上的東正教教堂，另一座塔則是小清真寺的宣禮塔（minaret），就在貝利須卡（Beliszka／Belishka）河岸。小鎮三分之一的居民是穆斯林。「其中大部分穆斯林只會說保加利亞語，也不會拒絕喝一小杯拉基亞酒，但也有人很傳統、保守。」瓦西爾解釋。

小鎮中心的地標是貝利察飯店（Hotel Belica／Hotel Belitsa），已經整修三年了。「他們還會再修五年。」路人告訴我。「為什麼？因為這是國營飯店，沒人在乎。」

而在飯店後方，一群人則排隊等著拿社會救濟：一些麵包和一包麵條。那是一條很長的隊伍，你必須很早就來排隊，不然就至少要排三刻鐘。隊伍中排的主要是貝利察的吉普賽人，但也有幾個保加利亞人。我問瓦西爾關於這隊伍的事。

但瓦西爾只是聳了聳肩。顯然，共產體制瓦解後，並不是每個人都過得很好。有什麼好談的？

於是我們回到熊的話題。

3.

「第一次和吉普賽人見面時，你要請他去餐廳。」瓦西爾說。「不要太貴，不然他會對你有不切實際的想像，之後談到價碼時就會獅子大開口。但也不能太便宜，免得傷到他的自尊。你得承認，他們對尊嚴這件事很敏感。在任何情況下，你都不能傷害他們的尊嚴，不然他們會故意惡整你。你給他們一個好價錢，比如說五千列弗，他就會說，他要一百萬。如果他堅持，那你一年內什麼都做不了。你必須大費周章地說服村長、吉普賽長老還有他們的親戚，要大家一起來支持你。否則，你是無法和一個被惹毛的吉普賽人談的。」

「所以，最好一開始就有個好的起步。」

「當你和吉普賽人來到餐廳，你得點一些吃的，還有很多配餐用的拉基亞酒。你要問他喜歡什麼樣的酒，然後坐在他身邊，和他一起喝。至於你喜不喜歡吉普賽人，這一點都不重要——最近，還有誰喜歡他們？什麼？你喜歡他們？你說，你有吉普賽朋友？嗯，也許你們波蘭的吉普賽人不一樣。不論如何，你必須一直提醒自己，你在這裡不是為了自己，你的目標是熊。他們在奧地利就是這樣訓練我們的，他們甚至畫了這樣的圖表：

目標：熊。
任務：解放熊。
重點：熊，熊的，為了熊，和熊一起，關於熊。

「只要你記得自己是為何而來，這一切就會變得比較容易忍受。我必須告訴你，熊是一種美好的動物。聰明、高貴、具有王者風範，是自然的完美呈現。」

「所以，你必須把吉普賽人灌醉。這很困難，畢竟你們在一起喝酒。如果他喝醉了，那你也沒有多清醒。這是個麻煩，但因為一個理由，你比較占上風。你有想像力，你知道整個情況要導向何處。你知道我們美麗的公園長什麼樣，你已經開始想像這些可憐的熊，會自由自在地在公園奔跑。因此，你能克制自己的情緒。你不會在酒後和吉普賽人感傷地擁抱——如果你真的那麼做了，那也是情勢所需。從頭到尾，你都會主導談話的走向。」

「如果吉普賽人開始談家庭、孩子、政府、汽油價格，那你會禮貌地聆聽，但過了一會兒，你會再給他倒一點拉基亞酒，問：『所以，我們什麼時候可以去接你的熊？』」

「就像我們保加利亞的一句諺語說的：滴水成湖。」

「所以，你三不五時就要給他倒酒。你還要記得禮物的事。吉普賽人愛死禮物了，不管那是什麼。它可以是鑰匙圈、衣服、帽子、打火機，什麼都好。最重要的是，你要把禮物包裝得很漂亮，包在一個大袋子裡，上面要有些花樣，會發出沙沙沙的聲音。你們一起喝酒，然後在某個時刻，你說：我有個小東西要給你。你拿出禮物，袋子沙沙作響，包裝紙的色彩在眼前閃爍。吉普賽人會樂得跟孩子一樣，不管袋子裡裝什麼。他們不懂得判斷物品的價值，只要那東西會發亮、會發出沙沙聲，他們就很高興。」

「還有一件事，這是關鍵。」

「在某個時刻，你必須對他說類似這樣的話：『其實，我不該給你這個，但是……』」

「或是：『不可以讓我老闆知道這件事，不過……』」

「那時候，你就從車子裡或是外套裡把東西拿出來。可以是帽子、鑰匙圈或T恤。但從那一刻起，吉普賽人就深信，你是站在他那邊的。既然你們一起做壞事，既然你為了給他一點什麼，連自己的老闆都敢騙——這一定表示，你是真正的朋友。」

4.

「我已經和吉普賽人進行過幾十場這樣的談話。我從他們手中拿到的熊超過二十頭，幾乎是我們公園裡所有的熊。老闆們完全信任我。如果我談到的價碼是一萬列弗，這表示，我們就得付這麼多。如果是兩萬——意思就是，無法更便宜了。」

「但有時你可以把價錢殺到兩千，而且馴熊師還會親自用他的車把熊送過來。」

「最重要的是什麼？吉普賽人要信任你。他必須相信，自己的家人會比你更快出賣他。」

「我必須自豪地說，因為某種原因，所有人——真的是所有的吉普賽人——都信了我。我對他們說：『聽著，我把你當朋友看。我會幫你從德國弄到錢。我會幫你弄到一個好價碼，你甚至可以拿到三千列弗。如果你不和我合作，警察就會來找你，把你的熊沒收，那時候你一毛都拿不到。』」

「那時候吉普賽人總是會說：『什麼?! 你想用三千列弗買我的米修、我的薇拉、我的伊紹拉（Isaura）？——他們常常給熊取名叫伊紹拉，這是巴西肥皂劇裡面一個女奴的名字——你八成在開玩笑吧?!』然後，吉普賽人會開始他的小劇場，告訴你米修很年輕，而且會好多把戲。薇拉好聰明，觀光客都好喜歡牠。伊紹拉個性溫順，好愛喝啤酒。他會用他那些愚蠢的吉普賽人手段，試圖從你身上敲詐更多錢。三千列弗？這真是愛說笑。他想要一百萬德國馬克——我們去找的第一個吉普賽人，就是這樣和我們說的。」

「你必須把他從一百萬德國馬克的美夢拉回現實，然後付他，嗯，比如說，一萬列弗。」

「有些人直到最後都會把熊留在身邊，雖然這違反邏輯。世界已經往前走了，我們現在在二十一世紀，人們用 iPhone 聯絡，還可以上太空。在這樣的世界，沒有跳舞的熊的位置。」

「但有些人就是習慣了這樣的工作。他們的人生就是如此了，他們很難改變，這我一點都不會覺得奇怪。」

「你告訴這些馴熊師：『把熊給我們，不然你會有麻煩。』」

「他說，他會給你。你以為你已經說服他了，但你們分手後，他跑去和自己的吉普賽朋友聊一聊，然後就改變了主意，跑去躲在某個親戚家，熊還是不會給你。」

「你說：『我們國家已經加入歐盟，全世界的觀光客都會抗議，反對像你這樣的人。你一定得把熊交給我們（他們會抗議是真的，我們的公關部門會遊說他們這麼做）。』」

「他說，他會把熊交給你。但第二天，他又不給了，而且為了惹火歐盟，他會再弄一頭熊來養。」

「而且他還會補充——在我眼中，這是最自大狂妄的——他比我們更清楚什麼對熊是最好的。他的玉米和麵包一定比我們的堅果和蘋果更好，吉普賽人的鐵鍊和古斯爾琴也強過我們的十二公頃地。」

「但最讓我憤怒的，是當他說：他愛那頭熊，而我們想要奪走他的家人。」

「拜託，老兄，你在虐待那頭動物。你汙辱牠，強迫牠做那些違反牠天性的事。你把一頭野生、驕傲的動物變成眾人的笑柄！你讓牠看起來像個蠢蛋！」

「但就算我把這些全都說出來，那個愚蠢的吉普賽人會懂我在說什麼嗎？」

「多年來他們一直聽到必須把自己的熊交出來，已經聽到爛了。他們以為這次我們又在空口說大話。但是他們不明白，我們不會放棄。我們準備了保留區，我們有重要人士的支持——政治人物、演員、記者。這些吉普賽人一旦和我們在擺了食物和拉基亞酒的桌前坐下，他們就已經輸了，因為所有人都在後面為我們撐腰，而他們只是愚蠢的吉普賽人，在守護舊世界的一項傳統——而那個世界已經不存在了。」

5.

「還有一件重要的事。我們很希望讓他們明白：他們得到的錢，不是用來買他們的熊。他們彼此常常買賣熊，一開始，他們以為我們只是新的客戶。」

「一個人說：『我的熊才五歲，你必須付我多過給我鄰居的錢，因為他的熊已經超過三十歲了，不久後就會死。』他們會使出各種伎倆。如果你給一頭老熊喝酒，牠就會開心地跳來跳去，看起來像一頭幼熊。所以他們會在和我們見面前先給牠一瓶拉基亞，然後對我們說，這熊很年輕，我們必須多付點錢。或者，他們會用染髮劑去染熊的皮毛。」

「但我們從一開始就強調，而且在每份合約上也會這麼寫：我們不是為熊付錢。」

「你拿到錢，是因為你很窮，我們想要幫助你。你的處境很困難，你謀生的工具消失了，你沒辦法活下去，你必須學會新的技能。你可以去編籃子、蓋房子或插花。或者你也可以開一間食品店，或收廢五金——這是你家的事。」

「因為你的處境很困難，所以我們想要協助你，給你這麼多或那麼多的數目。」

「我們沒必要這麼做，因為在保加利亞，訓練熊跳舞已經被禁止了，我們可以和警察一起去那些人的家，然後把他們的熊帶走。但真這麼做的話，第二天我們就得和維護吉普賽人權利的組織打官司。到時真的會是場鬧劇——保護動物的組織和保護羅姆人（Romowie／Roma）的組織鬧上法庭。還是付錢給他們比較簡單。」

「他們一直到最後都會討價還價。這一點都不用覺得奇怪，他們是吉普賽人，這是他們的天性。但最後他們會發現，我們不會讓步，我們真正在乎的是熊，而不是牠的年齡或毛色。他們會發現，我們和他們來自有點不同的世界。在我們的世界，我們不會把動物當成貨品，而是尊重每一個生命，並且希望每一個生命都能活得自由、快樂。」

「那時候，他們就會放手。」

「在那之後，你還得和他們見一兩次面，一起吃飯喝酒，還得和他們討價還價一下。再一次向他們解釋，他們要不就一手拿錢，一手交熊，要不然，一個月後警察就會去找他們，而他們一毛都拿不到。但是，這件事已經慢慢開始邁向終點了。」

6.

「吃完最後一次晚餐後，我們會在公證人那裡簽合約。但如果你以為，他們從此就不會耍花招，那你就錯了。」

「第一個和我們談妥的吉普賽人，有兩頭熊。他們全家有四代人都靠這兩頭熊過活，就是他們一開始說要一百萬德國馬克的。」

「我們談妥一個好價錢——三萬五列弗。我們很高興，因為他是一個有名的馴熊師，我們以為如果和他談成了，跟其他人談判就會比較容易。我對他重複了十幾次：不要告訴別人我們給你多少。只有你會拿到那麼多錢，因為你很受人尊敬，你對我們來說很重要。這個吉普賽人和我們喝酒的時候一直點頭，我們於是認為一切都在掌控中。他把熊交給我們的時候，甚至還面露微笑。」

「我們把熊帶到公園照顧，也開始和其他的吉普賽人談，然後……踢到了鐵板。沒有人想要和我們談，如果有人想談，他們一開口就要價一百萬馬克。」

「我們敢肯定，他們是從那老頭那裡聽說到一百萬馬克的事，一定是他和他們說了那些鬼話。我們真的很氣，但是我得說，我們有想到會發生這樣的事情。」

「過了幾個月，有人打電話到貝利察跟我們說，那老頭在海邊，離瓦爾納不遠。注意！他帶著他的兩頭熊，而且是和一年前同樣的熊。」

「我們立刻趕去。他很親切地接待我們，然後假裝很驚訝地發現有事情不對勁。」

「『你不是把熊給我們了嗎？你還拿了錢。』我說。」

「『嗯，沒錯……你們要兩頭熊，你們也拿到了兩頭熊。所以問題出在哪裡？』他在我們面前裝傻。」

「我們發現，這老頭從他表親那兒買到這兩頭熊。他們住在山上，不像他那麼油滑世故。他把從我這裡聽到的話一字不漏地重複給他們聽：他們要不就收下一千五百列弗，把熊交出來，要不然，警察就會來沒收他們的熊。於是，他就把那兩頭熊交給我們，一頭要價三萬五列弗，在此同時，他把他的熊藏在鄰居家。」

「我差點沒氣到吐血。我想叫警察來，用蠻力把那兩頭熊帶走。但我同事告訴我，那樣的話，吉普賽人就完全不會和我們談判了。除此之外，我們也不確定警察會不會幫我們。多年來，警察從馴熊師手中收賄，對他們的野蠻行為睜一隻眼閉一隻眼。我們因此打消了念頭。這老頭於是帶著自己的熊又逍遙了五年，直到我們終於說服他把熊交出來。我們從中學到了一件事：從此之後，每個吉普賽人都要簽一份義務同意書，聲明自己再也不會買熊來訓練。如果被我們發現，我們會把熊沒收，而且他還要把我們給的錢吐出來。」

「另一次，我們和一個吉普賽人在公證人那裡約好時間。時間到了，我們就和警察、獸醫、媒體一起到他家去。然而，我們卻找不到吉普賽人和他的熊，反而看到約四十幾個人：

女人、小孩、一些表親和老人。我們問他太太怎麼回事，她什麼都不知道，只是開始又哭又叫。我們問他的表親，他們也什麼都不知道。我們打他的手機——他的手機關機了。」

「我很生氣，因為那是一次困難的談判，而且所有人都一路跑到了魯塞——那離貝利察開車要六小時呢。」

「在他家前面等沒什麼意義，我們於是叫所有人回去，我和同事則開始在附近的村子找他。」

「頭兩天——一無所獲。」

「第三天有人告訴我們，他躲在表親家，在離這裡兩個村子之外。」

「我去了那裡——他們不想開門。」

「我對他們說：『告訴史坦科，我是一個人來的。我們得談談，不然警察很快就會找到他。』」

「他們去跟他說了。十五分鐘後，他出來了。『你有看到我家發生什麼事嗎？』他問。『大家一知道我會把熊交出來，那些我從來沒見過的親戚就都跑來了。他們在我家附近紮營，我沒辦法在那裡拿錢，因為他們會把錢通通拿走！』」

「我開始快速思考。救護車已經回貝利察了，在我們把一切安排好、車子來到這裡之前，一天又要過去。這段期間他可能會改變主意四次，再跑到兩個村子以外的地方，他什麼事都幹得出來。」

「你不知道這樣的吉普賽人腦子裡裝什麼。他們真的完全無法想像沒有熊的生活。在所有我上過的課程中，我們的奧地利同事不斷對我們重複：『當你不知道該怎麼辦，記住，最重要的是熊。』」

「目標：熊。

任務：解放熊。

重點：熊，熊的，為了熊，和熊一起，關於熊。」

「我問：『你是怎麼把牠帶到這裡的？』」

「然後他就給我看一輛老舊的拉達汽車，還有一臺拖車，說：就用這個。」

「我在胸口畫了個十字，叫我同事開我們的車往前走，然後對吉普賽人說：『我們上路。』」

「然後吉普賽人說：他沒有駕照，如果警察逮住我們，他會有麻煩。」

「我就想：你他媽的，這二十年來你用這臺拉達載著熊開遍全國海岸，而你竟然沒有駕照?!」

「但我能做什麼？我們把拖車裝到拉達汽車上，我坐上駕駛座，然後我們就上路了。熊一開始很安靜，但之後有段路必須經過從布爾加斯到索菲亞的高速公路。在那裡，每當一臺貨櫃車從我們身邊呼嘯而過，熊就嚇得半死，然後站起來猛烈搖晃拖車。」

「你想像一下，當一頭兩百公斤的熊開始搖晃拖車，拉達汽車會怎麼樣？當然是跟著左右搖晃啊！我開在路肩上，但有時我們的車會猛烈晃到左邊去。」

「我對吉普賽人說：這樣不行！你得做點什麼！」

「他叫我在加油站停下，我於是照做。他買了一瓶拉基亞酒，倒了一點在熊掌上，然後熊就把手掌移到嘴邊開始喝。牠把一整瓶酒都喝完了，之後我們就一路安安穩穩地開到貝利察，到了公園，熊馬上就被送去檢查和隔離檢疫。而吉普賽人呢？他得想辦法開自己的拉達汽車回魯塞。」

「他是怎麼回去的？我不知道，我沒問。老實說，他們把熊交給我們後，我對他們之後的人生不感興趣。」

四　歷史

1.

「我告訴您一件事，但這是祕密。」說完，迪米特里．史坦內夫的妻子瑪莉卡看著我的眼睛，彷彿想從眼中讀出我是否能守住祕密，還是會逢人便說。瑪莉卡思考了一會兒，用眼神打量我，似乎試圖判斷我是敵是友。最後她說：「戰後，共產黨想禁止人民訓練熊。他們原本可以這麼做的，就像在其他國家一樣。但因為某個原因，他們不能這麼做。我公公有一個電話號碼，如果他想要，他可以扭轉索菲亞中央黨部的決定。」

我不相信。瑪莉卡一定看出來了，因為她緊接著問我：「您想知道他是怎麼拿到這個電話號碼的嗎？」

然後，她就告訴我她公公的故事。

這個故事是在二次大戰時開始的。那時候，英俊、有著一頭黑髮、二十歲出頭、在游擊隊待了一年而變得更像個男人的龐丘・庫巴丁斯基（Penczo Kubadinski／Pencho Kubadinski）同志，必須找個藏身之處。

二戰期間，保加利亞政府和希特勒密切合作。保加利亞的士兵曾協助第三帝國侵略希臘和南斯拉夫，並且被送到整個巴爾幹半島去維持秩序、鎮壓當地的反抗勢力。他們能這麼做，是因為保加利亞本地的反抗運動既分散又微弱。有很長一段時間，它對政府軍來說不構成威脅。

但也有例外。其中一個例外是庫巴丁斯基的部隊「奧古斯特・波普」（August Popov），它的成員多半是戰前的共產主義者，從一九四二年開始，他們經常在森林茂密的舒門和拉茲格勒地區襲擊政府軍。

一九四三年春天，雖然保加利亞的反抗運動依然不是很激烈，但已經強到足以干擾政府軍，索菲亞的中央政府於是決定反擊。政府的士兵開始在各個村莊搜尋游擊隊員，並且迫害那些被指控幫助游擊隊的人。庫巴丁斯基和他的同志，眼看就要陷入困獸之鬥。

幸好龐丘同志在戰前結識了幾個吉普賽人，他們住在離他的故鄉洛茲尼察（Łoźnica／Loznitsa）不遠，他於是請求他們的幫助。

吉普賽人同意了他的請求。

於是，保加利亞反抗軍最精采的一段歷史就此展開。庫巴丁斯基認識的那些吉普賽人靠馴熊維生，雖然政府禁止吉普賽人在戰爭時期帶著熊四處巡迴，但沒有人有時間去認真執行禁令。馴熊師就像以前一樣，從一個村子流浪到另一個村子，到處表演，然後獲得一些雞蛋、牛奶、有時甚至還有肉，做為演出的報酬。

庫巴丁斯基加入了他們。今天我們已經無法確定，他到底和這些馴熊師一起流浪了多久，是幾天還是幾個月。那段日子留下的，只有幾則傳說。

有個傳說是說，有一天載著庫巴丁斯基的敞篷車被士兵團團包圍。吉普賽人很快地把庫巴丁斯基打扮成女人，給他穿上碎花長裙和彩色頭巾，他就這樣脫離險境。

另一個傳說則是，庫巴丁斯基學會如何馴熊，熊也都很聽他的話，彷彿知道牠們面前是個了不起的人。

最後一個傳說則說，庫巴丁斯基同志親自和熊摔角，而且他表現得還不錯。

在這群吉普賽人之中，史坦科．史坦內夫（Stanko Staniew／Stanko Stanev）——也就是瑪莉卡的公公，迪米特里和龐丘的父親——是和庫巴丁斯基最要好的。沒錯，就是那個最後才把熊交給四掌基金會的迪米特里，還有那個自己去森林抓熊、並且教會牠跳舞的龐丘。

看來他們的友情十分堅定，龐丘的名字就是為了向庫巴丁斯基致敬而來的。

「是我公公救了他的命。如果沒有他，保加利亞的士兵會立刻槍殺他。」瑪莉卡說：「他從來沒有忘記這件事。當共產黨想禁止吉普賽人馴熊，龐丘站在我們這一邊。他經常到我們家來喝拉基亞酒。如果我公公想要，他隨時可以打電話給庫巴丁斯基。他有沒有打過？沒這個必要。每個人都知道他可以打電話，這就夠了。」

2.

戰爭過後，保加利亞愈來愈明確地向共產主義靠攏，庫巴丁斯基同志所扮演的角色也愈來愈重要。他爬到共產黨權力結構的高層，成為托多爾．日夫科夫的親信之一。

托多爾．日夫科夫的事業是美國夢的實現——不過，是社會主義版本的美國夢。他從一個貧窮的放羊小孩，搖身一變成為共產黨的第一書記。這個來自普拉韋茨（Prawec／Pravets）小鎮、出身貧窮牧羊人家庭的男孩，十七歲就加入共青團。二戰期間，他就像庫巴丁斯基一樣，在反抗法西斯主義的游擊隊中戰鬥，差別只在於他的部隊在索菲亞附近。

戰爭過後沒多久，這位年輕的游擊隊隊員就在保加利亞首都索菲亞當上民警頭子，同時不斷在共產黨內部往上爬。當時的保加利亞共產黨第一書記維爾科・契爾文科夫（Wulko Czerwenkow／Valko Chervenkov）親自提拔他。契爾文科夫是強硬的史達林主義者，按照蘇聯作風用鐵腕統治保加利亞。日夫科夫滿腦子都是如何爬到頂端，他知道如果自己想要步步高升，就必須盡可能巴著契爾文科夫。

出乎意料的，他奪權的機會很快就到來。一九五三年，隨著史達林過世，契爾文科夫的影響力漸漸式微。為了不讓自己完全失勢，契爾文科夫提議當時四十二歲的日夫科夫當他的繼承人，接任第一書記的位子，而他自己則擔任總理。

日夫科夫當時在黨裡不是很出名，所有人於是認為契爾文科夫的這一招真是高明：新的第一書記會是舊的第一書記的傀儡，契爾文科夫將會繼續垂簾聽政。

然而，同志們卻低估了日夫科夫。過去幾年來，日夫科夫處心積慮地在黨內經營自己的地位，而且已經有了支持他、會為他效命的一群人。

這群人之中，也包括龐丘・庫巴丁斯基。

一九五六年，赫魯雪夫著名的演講（他在演講中開誠布公地批判史達林主義）掀起了一連串解凍的浪潮[1]，日夫科夫也在這段期間從契爾文科夫手中奪走了最後一點權力。身為一個從總理身上得到一切的人，日大科夫把契爾文科夫趕下臺的速度實在驚人。從那時開始，日夫科夫就持續統治保加利亞，直到一九八九年共產政權解體。「日夫科夫是這個地區在位最久的第一書記。」索菲亞的歷史學家以利亞・赫里斯托（Ilja Hristow／Ilya Hristov）說。

日夫科夫在位期間，庫巴丁斯基一直站在他那一邊。不管是六〇年代和七〇年代交界軍隊多次發動政變、日夫科夫下令殺死自己的政敵、當他把反抗者送入貝萊內（Belene）勞改營——保加利亞版本的古拉格——還是當他請求赫魯雪夫讓保加利亞加入蘇聯，成為新的加盟共和國（但是赫魯雪夫拒絕了）。

「庫巴丁斯基是個很複雜的人物。」以利亞・赫里斯托說：「一方面，他不會反對保加利亞加入蘇聯。比如說，一九六八年，他和日夫科夫就很積極要讓華約組織入侵捷克斯洛伐克。在保加利亞我們有一百萬土耳其人，在共產時期受到迫害——庫巴丁斯基總是把他們講得很難聽。但另一方面，他是個很草根的人，他真的相信共產主義，不像許多虛偽、犬儒的黨員。因為我不知道日夫科夫相不相信共產主義，我想他比較相信自己。而他唯一在乎的事，就是他的事業和他的位子。」

日夫科夫和庫巴丁斯基的共同點是游擊隊的過去和粗俗的語言。

「有人說，我們的政府搖搖欲墜。羊的睪丸也會晃啊，但是它們不會掉！」日夫科夫似乎是在一間工廠開幕時這麼說。

「我們的婦女同胞寫信到黨部，抱怨她們的工作太多。我認為，如果真是如此，她們就不會有時間寫這些信了。」這是庫巴丁斯基在婦女節的演說。

「日夫科夫能做這麼久，是因為他知道如何找到和莫斯科當權者的共同語言。」以利亞·赫里斯托說：「這看來真的很荒謬，當戈巴契夫開始在蘇聯執政，日夫科夫立刻就開始說，我們需要經濟改革、開放和民主化。我懷疑，如果共產制度沒有解體，日夫科夫會繼續巴結戈巴契夫，然後一直做下去。」

但是共產國家的改革已勢不可擋。一九八九年六月，波蘭舉行了第一次自由選舉。幾個月後，德國人推倒柏林圍牆，而羅馬尼亞人則槍決了尼古拉·希奧塞古（Nicolae Ceaușescu）和他的妻子。[2]

雖然整個地區都在沸騰，但在保加利亞，唯一公開抗議政府的，只有被共產黨人迫害的土耳其人。直到十一月初，剛成立的保加利亞赫爾辛基小組（Bulgarski Komitet Helsiński／Bulgarian Helsinki Committee）才在索菲亞舉行了第一次合法的抗議。[3]雖然參加人數不到八千人，但在那之後，保加利亞共產體制的末日就開始接近了。

「保加利亞的共產制度能夠瓦解，主要得感謝庫巴丁斯基。」以利亞·赫里斯托說：「當以佩特爾·姆拉德諾夫（Petar Mladenow／Petar Mladenov）為首的改革派要求日夫科夫下臺時，庫巴丁斯基扮演著關鍵性的角色。在最重要的表決中，庫巴丁斯基對日夫科夫投下了反對的一票。當他這麼做的同時，他也反對了過去的自己。」

羊的睪丸終於在一九八九年十一月十日掉了下來。雖然官方的理由是：「由於日夫科夫年事已高，工作勞累。」

「一九九〇年，保加利亞召開圓桌會議，共產黨的官員和反對者坐下來協商。在那之後，就是民主改革。」歷史學家赫里斯托下了總結。關於庫巴丁斯基，保加利亞人記得兩件事：第一，他熱愛打獵，是所有你可以想像得到的狩獵組織的榮譽會長。第二，他擁有保加利亞第一輛（也是多年來唯一一輛）越野車，一臺豐田。

3.

庫巴丁斯基的戰時經歷提供了保加利亞電視劇《每一公里路》（Na każdym kilometrze／*Every Kilometer*）的創作者靈感，這可說是波蘭電視劇《四個坦克兵和一條狗》（Cztery pancerni i pies／*Four Tank-Men and a Dog*）的保加利亞姊妹作。在其中一集，主角（也是游擊隊員和共產黨員）落入保加利亞士兵的陷阱。他從馴熊師那裡祕密得知會有人來救援他。美麗的吉普賽女郎跳舞吸引保加利亞士兵的注意，此時她的同伴則和被監禁的共產黨員交換訊息。

「馴熊師很可能在其他許多情況下協助了保加利亞的反抗軍。」記者喀拉什米爾．克魯莫夫（Krasimir Krumow）說。「他們會向士兵傳遞軍情，告訴他們軍隊的位置，就像他們在保加利亞反抗土耳其、爭取自由的戰役中所做的一樣。馴熊師唱的歌是很關鍵的元素——它有很多段，又非常有趣，讓人不聽完就無法離開。它就像是那個年代的連續劇：你非知道接下來發生什麼事不可。這些歌通常帶有愛國色彩，訴說保加利亞起義者的游擊戰，他們黑眼珠的情人，以及邪惡的土耳其人。」

捷爾吉．米切夫，德里安諾維茨的馴熊師，給我們講了一首歌的內容，那首歌不只他自己會唱，他的爸爸和爺爺也唱過。歌曲的內容是這樣的：

一個英俊又富有的年輕人要結婚了，他的家人邀請附近的名流仕紳來參加婚禮，包括神父、市長，幾乎是這一帶的所有人，唯獨不幸漏了土耳其人，一個眾所皆知心懷惡意的鄰居。

婚禮進行得很成功，所有人都喝了許多拉基亞酒，也讚嘆新娘的美貌和新郎的富裕。但他們沒有邀請土耳其人這件事，就像一根刺一樣刺在他們心頭。一方面，土耳其人是占領者，而且大家都知道他很惡毒。但另一方面，他畢竟是鄰居，根據傳統，不管鄰居為人如何，都得尊敬。

新郎一家人想了很久，在這樣的情況下到底該怎麼辦。新郎於是和兄弟們去土耳其人家，提議給他各種好吃的東西。

他們要給他哈爾瓦酥糖（chalwa／halva），土耳其人不想要。

他們要給他糖果，土耳其人也不想要。

他們拿來蛋糕，土耳其人面露嫌惡地轉過身。

新郎的家人討論了好幾天，在這樣的情況下該怎麼辦。最後他們再次去找土耳其人，提議他們會再為土耳其人特別辦一場宴會，在那場宴會中，土耳其人會被奉為上賓，坐在新人旁邊。

土耳其人再次拒絕了。他說，只有當新娘坐在他膝蓋上，他才會停止生氣。

對保加利亞的家庭來說，這句話是一記耳光。沒有一個正經的女孩或婦人會坐在陌生男人的膝蓋上，更何況對方是來自土耳其的占領者。新郎於是來到土耳其人面前，用斧頭砍了他的頭。土耳其人當場斃命，而新郎為了逃避其他土耳其人的報復，必須躲起來。這首歌的訊息很明確：土耳其人是你的敵人，不要讓他得寸進尺。

「這樣的歌曲有幾種不同的作用。」喀拉什米爾．克魯莫夫說：「它支持反抗占領者的運動，振奮大家的精神。最重要的，馴熊師會把要給反抗軍的訊息藏在這些歌裡。可惜，沒有人把這些歌好好寫下來，這個引人入勝的世界將會隨著最後的馴熊師一起消逝。」

4.

年輕、美麗的女孩把頭髮放下，出於絕望，她試圖跳河自盡。

雖然她沒有和任何男人睡過，雖然她還是處女，她愈來愈大的肚子讓人一眼就能看出她懷孕了。在巴爾幹的小村莊，一個沒結婚卻大了肚子的女孩會給家族帶來恥辱和咒罵，自殺看來是最好的做法。

但是，奇妙的事發生了。女孩只要一接近河水，河就會往後退。當她往前走，想要追趕河流，河就退得更後面了。直到一個男子從河中出現，對她說：「女孩，不要輕易結束自己的生命！妳是被選中的，妳會生下一頭熊，牠將會像人一樣工作。」

女孩於是回到自己的村莊，幾個月後，她真的生下了一頭熊。[4]

巴爾幹半島的馴熊師，多年來就這麼告訴聽眾他們這一行的起源。

伊斯坦堡薩邦哲大學（Uniwersytet Sabancı／Sabancı University）的珮琳·涂奈丁（Pelin Tünaydın）正在寫關於跳舞的熊的博士論文，她多年來持續研究馴熊的歷史。「我記得我童年在伊斯坦堡看過跳舞的熊。」她在伊斯坦堡海峽（又名博斯普魯斯海峽，Bosfor／Bosporus）邊的一家咖啡廳對我說。「對孩子來說，那是不可思議的一幕——看到一頭野獸用兩條後腿站起來，開始跳舞。吉普賽人通常會把熊留在塔克西姆廣場（Plac Taksim／Taksim Square）附近的一個小公園，把牠們綁在樹上。但有一天早上他們來到公園，熊卻不見了。政府在前一天頒布了禁止訓練熊跳舞的命令，警察晚上就來到公園把熊沒收了。這些人甚至不知道要找誰去告狀，他們在附近繞來繞去，抱怨了幾聲，然後就回家了。這一定讓我印象深刻，所以多年後我才會毫不猶豫地選擇跳舞的熊來當作我的博士論文題目。」

就像涂奈丁在她的一篇文章中寫到的[5]，人類開始養熊最古老的證據，是在今日法國找到的熊的頷骨。從骨頭變形的程度可以看出，熊是被當成奴隸馴養的。科學家對這塊骨頭進行鑑定，推測它的年代是西元前六千年。

但那並不是跳舞的熊。根據專家們的意見，跳舞的熊的傳統是跟著吉普賽人從印度來的。他們的理由是：第一，在吉普賽人流浪到歐洲的路途上，都可以看到跳舞的熊的傳統，今天你依然可以在巴基斯坦看到，而在印度，跳舞的熊在幾年前才被禁止。

第二，印度的馴熊師訓練熊的方式，和波蘭或保加利亞的完全一樣。他們都會在熊的鼻子上裝金屬環，就像捷爾吉．米切夫．馬林諾夫對他的薇拉所做的。

在巴爾幹半島、俄羅斯和波蘭，都曾有過重要的、訓練熊跳舞的中心。最有名的在波蘭，那是馴熊營中最歡樂的營房，在一個叫作斯莫爾貢（Smorgon）的地方（今天位於白俄羅斯）。查爾斯．拉基維爾（Karol Radziwiłł）王爵於十八世紀撥給吉普賽人一塊地，讓他們在那裡建立跳舞熊學院。如果有人家裡有養熊，並想要讓熊學會一些把戲，就會把牠送到斯莫爾貢學習。最優秀的馴熊師會和這些熊度過幾季，教他們跳舞和各種把戲。

什麼樣的把戲？

比如，吉普賽人會說：「熊啊，讓我們看看，佃農是怎麼去上工的。」熊就會彎腰駝背、氣喘吁吁，用手抱住頭。

然後吉普賽人會說：「熊啊，現在讓我們看看，佃農是怎麼下工的。」熊就會挺起腰桿，精神奕奕地踏步。

或者吉普賽人也會說：「熊啊，讓我們看看，柯斯丘什科（Kościoszko）會怎麼回到波蘭。」熊就會敬禮，然後像士兵一樣踏步。[6]

傑出的吉普賽專家葉基・費曹斯基（Jerzy Ficowski）在他的《波蘭的吉普賽人》（Cyganie na polskich drogach／*The Gypsies in Poland: History and Customs*）中如此描述斯莫爾貢的跳舞熊學院：「小熊會從王爵的森林被抓出來帶到此地——在學院中，共有幾十頭熊。（……）十幾個吉普賽人是這裡的正式員工，他們負責馴養和訓練小熊。這所學校的課程要上六年，當熊從這裡畢業，吉普賽的馴熊師在拿到王爵的許可後，就會離開這裡，和熊一起到世界各地去（……）。」[7]

另一處，費曹斯基引用了考古和歷史學家尤斯塔奇・提須科維奇（Eustachy Tyszkiewicz）伯爵所寫的《立陶宛的家庭生活》（Obrazy domowego pożycia na Litwie／*Images of Domestic Life in Lithuania*）。伯爵的父親「身為一個真正的立陶宛人，總是在廚房養著一頭熊」。當他發現他的寵物有舞蹈天分，就把牠送到斯莫爾貢去進修。「在這裡要給熊註冊，比在維爾紐斯（Wilno／Vilnius）給大學生註冊容易，因為不需要受洗證明也不需要天花接種證明，而牠的出身，已不證自明。」提須科維奇寫道。

然後，提須科維奇繼續寫：「吉普賽人會教熊如何用後腿站起來。在那裡有個大房間，裡面沒有地板，只有壁爐地磚，中間有根柱子，熊的後腿被綁在柱子上，後腳掌則穿上裹腳布和草鞋。當壁磚被燒紅，熊受不了熱，就會不由自主地把前腿舉起來，用後腿站著。這時候，站在門邊的吉普賽人會吹喇叭。如此這般，熊就會習慣喇叭的聲音，以為聽到這個聲音腳就會變燙，牠於是會站起來，不停扭動。」

根據傳說，和喜歡訓練母熊的保加利亞馴熊師不同，斯莫爾貢的馴熊師只收公熊。保加利亞的吉普賽人說：母熊比較好訓練，因為牠們攻擊性沒那麼強，而且不會攻擊人。波蘭的吉普賽人則認為，訓練母熊是一件有失尊嚴的事。他們覺得，母熊就該生小熊，這樣馴熊師才會有源源不絕的熊可以訓練。

保加利亞的馴熊師也不准熊冬眠，而在斯莫爾貢，熊當然可以冬眠。從十一月一日到二月底，跳舞熊學院是關閉的，幾個房間裡會鋪滿松針和樹枝，好讓熊冬眠。

薩克森國王（Saxon Kings／królowie z saskiej dynastii Wettynów）統治波蘭期間（一六九七—一七六三），波蘭的英國使節曾在寫信到倫敦時，嘲笑波蘭的教育，說這個國家「最好的學院是立陶宛的斯莫爾貢學院，在那裡他們會訓練熊跳舞」。

俄國沙皇在十一月起義（powstanie listopadowe／November Uprising，一八三〇—

一八三一）時關閉了斯莫爾貢學院，但直到今日，斯莫爾貢的市徽上都有一頭熊——這獲得白俄羅斯總統盧卡申科（Łukaszenko／Lukashenko）的許可；而斯莫爾貢市政府正計劃在市中心建造一座噴泉，紀念跳舞熊學院。

在戰間二十年時期，在波蘭對他人說「你這個跳舞熊學院畢業的」，依然是一項很嚴重的汙辱。

在波蘭，帶熊去巡迴表演在戰前就已經被禁止了。但根據辛提吉普賽人（cygańska grupa Sinto／Sinti Gypsy）查爾斯．帕爾諾．吉爾林斯基（Karol Parno Gierliński）的回憶，在五〇年代，他所跟隨的敞篷車裡還有兩頭熊。「牠們比較少跳舞了，多半是給人治病。」他說：「鄉下人相信，熊比最高明的醫師還要好。」

5.

薇拉和米切夫一家人共度了十五年，那是牠目前為止全部的生命，因為捷爾吉．米切夫．馬林諾夫在牠才幾個月大的時候就把牠買下。牠的每一年看起來都差不多：春天和夏天到各個市集和海邊的度假勝地去，牠會在那裡表演把戲、讓人撫摸，這樣人們就可以贏得彩券、恢復健康或找到更好的工作。

秋天和冬天薇拉則會被綁在米切夫家院子裡的一根木樁上，陷入半冬眠的狀態。

但有一天，薇拉的生命中開始發生一連串不可思議的事件，牠的熊腦袋根本跟不上那些變化。

首先，來了一群穿綠色衣服的人，他們把牠放在籠子裡，用車載著牠開了好幾個小時，來到某個地方。

然後，他們把牠和籠子一起放進一個空間，那裡所有的一切都是白的。

牠感到有東西戳了牠一下，然後牠就睡著了。當牠醒來，牠的鼻子發生了奇怪的改變，彷彿比較小了，有什麼東西消失了。

然後，疼痛也消失了——之前，鼻子的疼痛對牠來說理所當然，就像呼吸一樣自然。

薇拉不明白到底發生了什麼事。好幾天，牠一直用手掌去摸鼻子，牠吼叫、用身體摩擦樹幹，並且咬手掌。

牠很驚訝，牠的鼻子沒有連著一串把牠綁到樹上或籬笆上的鐵鍊。這輩子第一次，牠可以自由移動。

牠完全不知道這一切代表著什麼意義，還有，牠要如何在這新的環境中自處。

「我們的熊一輩子都戴著『哈卡』。」跳舞熊公園的園長迪米特里．伊凡諾夫說：「把牠們鼻子上的金屬環拿下來，就像是截去牠們身體的一部分，或是部分的人格，就是這部分的人格，讓牠們成了奴隸。」

大部分的金屬環是四掌基金會計畫的負責人，阿米爾．卡力醫生親自拿出來的。他喜歡這麼做。他認為，這對熊來說是特別的一刻，是他們重獲自由的象徵。

「我們總是在麻醉中進行這件事。熊對金屬環被拿下來，可能會有各種不同的反應。有些熊好幾天都彷彿覺得不是自己，會一直用手去摸鼻子，覺得迷失。薇拉的情況就是如此。」

有好多天，薇拉都會用手去摸鼻子，尋找「哈卡」。雖然金屬環一輩子都給牠帶來痛苦，但沒有它，薇拉不知道要怎麼活。彷彿牠已經習慣當一個奴隸，現在，突來的自由反而讓牠覺得是威脅。比起疼痛，牠更害怕自由。

從史坦內夫家被帶走的米瑪也是一樣。

但是，也有些熊在金屬環被拆下來的幾分鐘後，就覺得很舒暢，牠們甚至不會去想那個一直以來讓牠們疼痛的東西去了哪裡。

米修和斯維特拉的情況就是如此。當「哈卡」從牠們身上消失，牠們表現得彷彿這是世界上最正常的事。牠們馬上就開始在熊群中爭取地位，之後則開始求愛。沒有「哈卡」，完全不會對牠們造成干擾。

6.

公園的人讓熊循序漸進地認識自由。

「哈卡」拿下後，熊會在一個偽裝成洞穴的水泥空間待上一兩天，習慣新環境。之後，牠們會從這「洞穴」中被放出來，放到公園中一個特別的區域，在那裡牠們會和其他的熊為鄰，只是兩者之間隔著鐵絲網。新的熊可以在這裡習慣其他熊的氣味、看見牠們、在牠們附近吃東西，只是和牠們沒有身體接觸。目前這個區域唯一的住戶，是一頭叫孟弟（Monti）的熊，牠是公園裡最年幼的熊，還不到兩歲。公園裡的工作人員怕其他的熊會欺負牠，所以會讓牠在這個區域再多住至少一年。

「你很難把這樣的安排稱之為社交，因為在大自然中，熊是獨行俠。」伊凡諾夫園長說：「但是牠們必須在這段時間，學會和其他的熊共處。接受牠們的氣味和存在。有些熊學得比較快，有些熊要花上好幾個月。我們會觀察牠們，然後在某一天的晨會決定：今天還不行，或，可以試試看了。」

熊在獲得自由後學到的第一件事，也是最重要的一件事是：自由也有它的界線。

在這個情境中，牠們的界線是圍繞著整座公園的通電鐵絲網。網子是必須的，這樣熊才不會逃出公園，逃到一個牠們無法存活的世界。在保留區，牠們什麼都可以做——可以去自己想去的地方、吃自己想吃的東西、可以睡覺、玩耍、交配。

只要不去碰鐵絲網。

「幸好，熊很聰明。」伊凡諾夫園長說：「只要碰一次，最多兩次，牠們就學會了。」

譯注

1 赫魯雪夫解凍（Odwilż／Khrushchev Thaw）是指赫魯雪夫在一九五〇年代中期到一九六〇年代實行去史達林化以及三和路線後，蘇聯政治和文化上的鬆綁現象。

2 尼古拉・希奧塞古自一九六五年至一九八九年任羅馬尼亞共產黨總書記，一九七四年兼任羅馬尼亞總統，在位期間羅馬尼亞進行殘酷的獨裁統治。艾蓮娜・希奧塞古（Elena Ceaușescu）在丈夫成為總書記後，在羅馬尼亞政壇中扮演重要的角色，一九八〇到一九八九年出任部長會議副主席（副總理）。一九八九年羅馬尼亞爆發革命，希奧塞古政權被推翻，希奧塞古夫妻被審判並槍決。

3 保加利亞赫爾辛基小組成立於一九九二年，是一個維護人權的非政府組織。它原本是國際赫爾辛基人權聯盟（International Helsinki Federation for Human Rights，IHR）的一員，國際赫爾辛基人權聯盟在二〇〇七年解散後，保加利亞赫爾辛基小組繼續獨立運作。

4 請見：艾蓮娜・馬魯夏科娃（Elena Marusiakowa）及維塞林・波普（Weselin Popow），〈保加利亞的馴熊師（傳統及現況）〉（Bear-trainers in Bulgaria (tradiion and contempopary situation)，保加利亞民族學誌（*Ethnologia Bulgarica*），1/1998。

5 請見：珮琳・涂奈丁（Pelin Tünaydın），〈爬過歐洲跳舞的熊的歷史〉（*Pawing through the History of Bear Dancing in Europe*），《近世通訊》（*Frühneuzeit-Info*），24/2013。

6 塔德烏什・柯斯丘什科（Tadeusz Kościcszko），波蘭—立陶宛軍事領導人，曾參加美國獨立戰爭，並且發動了保衛波蘭國土、反抗俄羅斯帝國及普魯士王國的柯斯丘什科起義，起義失敗後他被囚禁於俄國，後來被釋放，先後流亡美國及歐洲。

7 更多請見：葉基・費曹斯基（Jerzy Ficowski），《波蘭的吉普賽人》（*Cyganie na polskich drogach*），Wydawnictwo Literackie，Kraków，1985。或見Eileen Healey的英文譯本：*The Gypsies in Poland: History and Customs*，Interpress Publishers, Warsaw，1989。

五 本能

1.

迪米特里・伊凡諾夫園長留著漆黑的小鬍子，穿著黑色的皮外套。他熱愛自己的工作，願意為它犧牲奉獻。當他談起熊，他會情感豐富地比手畫腳，你可以從他的表情中讀出他的熱誠。

但是，當你開始和他談人的話題，情況就比較糟了。他幾歲？三十幾。學業專精？環境保護。有什麼夢想？希望熊可以過得更好，當然，其他的動物也一樣。

伊凡諾夫用無聲勝有聲的沉默，推開了我大部分關於人的問題。

他在五年前當上跳舞熊公園的園長，從那時候開始，他大部分時間就和他照顧的熊一起度過。

他最熱衷的事是訓練熊的本能。

「沒有比這更好、讓熊回歸自然的方法了。」他說。

2.

「我清楚記得，我父母第一次帶我去看跳舞的熊是什麼情況。那是春天，有個吉普賽人來到我們的小鎮。那時候我還不知道那些人會以可怕的方式虐待那些熊，我只把它當成一件稀鬆平常的事。我們看著熊用兩條後腿站起，吉普賽人用古斯爾琴彈奏，爸爸給了他一點小費。我甚至不記得我喜不喜歡那場表演，我只記得一個畫面：吉普賽人和熊。許多年來，保加利亞的父母都會帶孩子去看跳舞的熊，大家都覺得這是再正常也不過的事。每隔一段時間就會有吉普賽人帶著熊來到小鎮，我們於是就會去看。這有什麼不好的？沒有。我很高興我現在工作的機構，從我們腦中拔除了那樣的念頭，我們自己是無法辦到的。今天保加利亞人能摒棄那樣的想法，都要感謝四掌基金會施加的壓力，他們知道如何在全歐洲廣泛推動反對馴熊師的運動。」

四掌基金會是奧地利環保學家在一九八八年成立的，原本的目的是抗議養雞農場和皮草農場的養殖環境。今天，四掌基金會在十二個國家都有分部，它是第一個在天災（地震或颶風）發生時，送救援小組到場協助動物的動保組織——一般來說，災難發生時沒什麼人關心動物。它也會推動大型的國際計畫，比如說在斯里蘭卡、烏克蘭、科索沃和保加利亞給流浪狗結紮。四掌基金會總部每年的預算是幾百萬歐元，都來自捐款。

貝利察的跳舞熊公園是四掌基金會的旗艦計畫之一。這座十二公頃大的公園劃分為七個部分，裡面總共住著二十七頭熊，其中只有一隻——最年幼的孟弟——不是跳舞的熊。孟弟的前任主人是餐廳老闆，把孟弟放在那裡是為了吸引顧客。

「要瞭解我們做這份工作的意義，您必須先知道，吉普賽人在讓這些熊跳舞之前，還對牠們做了什麼。」伊凡諾夫園長說：「關於熊鼻子裡的金屬環，您已經知道了。而您是否也知道，吉普賽人用來拿琴弦的手裡，也會拿著一根棍子，上面繫著鏈子，而鏈子的盡頭，則是熊的鼻子？熊會試圖跟上吉普賽人拉弦的動作，看起來就像是在跳舞，但實際上牠是在躲避疼痛。這些熊的一生充滿無止盡的痛苦。除此之外，牠們吃得也很不好，沒有足夠的運動，壓力也很大。」

今天，公園有許多熊都得了癌症。原本的三十五頭熊中，已經有幾頭熊因癌症過世了——卡琳卡（Kalinka）和米蘭娜（Milena）是在二〇一〇年死的，伊紹拉死於二〇一二年，瑪莉安娜（Mariana）和米特庫（Mitku）則是在二〇一三年。伊紹拉是最老的，活到了三十五歲。

牠們和人類一起生活，今天也和人類生相同的疾病。

公園的工作人員會定期給熊檢查血液、量血壓、驗尿、量體溫。牠們的食物中會加入食品增補劑，給牠們補充營養。工作人員也會時常檢驗牠們的糞便，看看裡面有沒有寄生蟲。

但有時也會發生讓工作人員措手不及的狀況。

二〇一三年初，米特庫的體重開始急速下降。在一個月的時間內，牠的體重就掉了一半。牠沒有食慾，無神地在自己的區域晃來晃去，彷彿不在此地。

獸醫們一開始檢驗了牠的糞便，他們以為牠有梨形鞭毛蟲，但顯微鏡下什麼都找不到。米特庫被放進籠子，然後連籠子一起放進救護車，送到索菲亞去照精密的超音波。結果發現，牠的腎臟、肝臟和整個消化系統都長了癌。牠沒有再回到貝利察。牠的腫瘤都惡性轉移了，已經無法治療。牠在索菲亞被安樂死，而首都的火化場當天就把牠火化。

伊紹拉的癌症則非常複雜，甚至連伊凡諾夫園長都記不住它的名字。

這一切從牠左臉上的一些小斑點開始。公園裡的人原先認為，那只是一些疹子，過幾天就會消。但是一個星期過去，斑點不但沒有消退，反而擴大了。

獸醫檢查了伊紹拉的血液，結果奇慘無比。牠的紅血球、白血球、血小板都太少。「有某種東西從裡面把牠吞噬，我們不知道那是什麼。」一個公園的工作人員說。

很快的，伊紹拉臉上的斑點變成一大塊斑，先是蔓延到上唇，然後是下唇。不到兩個星期，就來到了眼睛。

在此同時，伊凡諾夫園長把伊紹拉頭部的照片寄到索菲亞。「一個小時後，我們知道我們就要永遠失去牠。」他說：「我們的時間不多，因為那鬼東西長得太快了。」

一個月後，伊紹拉就過世了。

伊凡諾夫園長說：「當你看到，這原本在大自然中如此強壯、甚至連鼻涕都不會流的動物，因為和人接觸，於是得了糖尿病、癌症、肝硬化、白內障，這真令人難過。我們對自己做了什麼壞事，我們也對牠們做了。對不起，您能不能重複您的問題？啊哈，您說，這表示我們不是一個很好的物種，我們用壞的食物、壓力和酒精自我毀滅。嗯，也許您是對的。」

3.

公園的工作人員說，他們的工作是觀察並解決問題。但是他們最重要的任務是：喚醒這些熊的本能，把熊交給大自然。就像伊凡諾夫園長說的，殺死這些熊體內的奴隸，喚醒牠們體內自由、獨立的野生動物——也就是牠們原本該有的樣子。

最根本的問題是，在大自然中，熊一天會花四分之三的時間尋找食物，而在貝利察，食物都是準備好的。於是，必須想個辦法讓熊打發時間。

所以，工作人員的主要任務是創意餵食——講簡單一點，就是把食物藏起來。第一個你可以從熊身上喚醒的本能之一，就是狩獵的本能。「嗯，我們該說它是尋找食物的本能。」一個工作人員糾正我：「因為牠們不會打獵，只會尋找那些我們藏起來的食物。」

工作人員會把食物藏在整座公園的各個角落，比如說樹洞。熊必須先聞到食物的氣味、找到它，然後爬到樹上把食物拿出來。或者，他們會把食物藏在地底、石頭下。再不然，就把雞心切成小塊，灑遍整個區域——熊得花上一番力氣，才能撿到所有的碎塊，把它們吃掉。

工作人員也會發明各種有趣的設施。比如說他們會把堅果丟到一個管子裡，一次只能拿一顆出來。熊必須費盡心思，才能吃飽。

可惜的是——工作人員們說，熊是很聰明的動物。比如說米修覺得一次只能拿一顆太無聊了，所以就拿管子去撞樹，然後把所有的堅果吃掉。

「牠們每分每秒的專注，就是我們的成功。因為我們寧願牠們動腦，而不是使用蠻力。」公園的工作人員如此評論這樣的事件。然後他們挖空心思，想著要怎麼樣安裝管子，下一次米修才不會把它整個拔起來。

熊的飲食是配合季節的，大自然中的熊在這時候吃什麼，貝利察的熊就會吃什麼。春天牠們吃新長出來的蔬菜，夏天則吃很多當令的蔬菜和水果。秋天吃李子、蘋果、梨子和堅果。一開始，牠們一整年都可以吃堅果，但是那時候牠們就開始變得肥胖，公園不能允許這樣的事發生。在德國有一座和貝利察的跳舞熊公園類似的公園，那裡有一隻熊嚴重超重——超過四百公斤。貝利察的熊於是只會在秋天吃堅果，好讓牠們儲存脂肪，為冬眠做準備。

牠們的飲食幾乎是完美的——只是，牠們依然無法戒掉麵包。這很可惜，因為麵包會摧毀牠們的消化系統。只是牠們已經很習慣這樣的食物，試圖不讓牠們吃麵包，只會對牠們造成傷害。

伊凡諾夫園長的夢想，是解放這些熊身為掠食者的本能。只是要怎麼做？「當然，我們可以把雞放出去，然後看看我們的熊熊是否會撲向牠們……」園長沉思了一陣，然後說：

「但這違反我們的價值觀，對我們來說，每個生命都值得尊重，我們永遠不會這麼做。」

那要怎麼訓練熊的這項本能？這是個好問題，過去幾年，伊凡諾夫都在尋找這個問題的答案。他已經有了主意：他打算在不久之後，把繩子繫在樹上，形成一個正方形。然後，他會把一些死魚掛在繩子上，利用一個特別的小馬達，讓這些魚沿著這個正方形上下左右移動。熊如果想吃東西，就得抓住這些魚。

對阿拉斯加的熊來說，這一點都不困難，牠們每天都在做類似的事。

但對貝利察的熊而言，這是艱鉅的挑戰，而且這項活動可以讓牠們專注很久。

不過，伊凡諾夫園長說，他必須在過程中仔細觀察他照顧的熊。「在我們之前，從來沒有人做過這樣的嘗試，沒有人成功復甦那些和人類一起生活多年的動物的本能。我有些擔憂，我不知道我們是不是正在打開潘朵拉的盒子。我們一點一滴地喚醒牠們新的能力——誰知道這會把我們帶到哪裡？野生的熊兩天內就會找到從這裡逃脫的方法，我們的電網對牠們來說根本不成問題。牠們更有自信，而且更有創意。也許有一天我們的熊也會把電網毀掉，進入森林？那會是我們的成功，但另一方面來說，也會是我們的災難。我們的熊在自由的世界甚至無法活過一星期。我很樂意多告訴您一些，但是現在餵食的時間到了。我們的工作人員已經拿來麵包，來吧，您可以協助我們把麵包丟到四處。」

4.

米修、米瑪和斯維特拉，歐洲最後的跳舞的熊，在貝利察的頭兩天，去參觀了人工湖，用身體摩擦樹幹，觀察隔壁區域的熊。

幾天之後，大家發現，米修和斯維特拉彼此看對了眼。米修開始圍著斯維特拉打轉，對牠吼叫，但是牠的叫聲和以前完全不同。公園的工作人員笑說，米修在對斯維特拉唱小夜曲。

自由激起了牠的本能。

斯維特拉像個公主一樣接受了米修的愛意。牠明白自己的價值，也知道牠值得米修這樣讚美牠。當牠看到米修，牠會假裝在忙——忙著吃東西、把堅果從塑膠管中拿出來、理毛，什麼都好，但是牠開始把最小的米瑪從米修身邊趕開。要是米瑪不想離開，斯維特拉會給牠呼巴掌，甚至會見血。

迪米特里·伊凡諾夫說：「我們很高興牠們兩情相悅。這是我們園內第一對情侶。而攻擊性？嗯，這是熊的天性，如果出現，我們必須認定牠們體內一部分的自己回到了根源。我們希望牠們能表達感情，如果出現憤怒，那攻擊是很自然的抒發方式。當我們把熊從『零號區』放出來，就必須做好這樣的心理準備。不過，當然所有的一切都在我們掌控之下——我們不能允許牠們殺害彼此。」

「一號區是給溫和的熊住的。」

「二號區——則是那些比較喜歡當老大的。」

「三號區則留給最強勢、最具有攻擊性的熊。這裡住著鮑伯（Bob）、查理（Charlie）、大娜（Dana）、娜特卡（Natka）和拉達（Rada）。雖然拉達是一頭小熊——牠只有一百二十公斤——但牠喜歡當老大，在其他的區域牠總是會惹禍。」

「我們坐在觀察站看著牠們，隨機應變。我們能允許多少攻擊行為？牠們已經越界了嗎？還是我們可以再給牠們一點時間，讓牠們冷靜下來？」

「牠們在一個區域中，需要把自己分成統治者和被統治者。我們不想要如此。因為如果每隻熊都平等，沒有一隻熊會覺得自己受的委屈比別人多，牠們可能只會揮揮爪子、吼叫一下，但不會有更多攻擊行為。」

「但是，如果有一隻熊覺得自己受的委屈比較多，牠會安安靜靜坐著，然後有一天突然爆發，去攻擊其他的熊。在我們這裡這樣的事件還沒有發生過，但隨時可能發生，狂怒的熊是會互相殘殺的。」

六　冬眠

1.

要幫助貝利察的熊、讓牠們恢復自由，有一件事很關鍵。

那就是冬眠。

也就是野生的熊在冬天會進入的昏睡狀態。

對公園的工作人員來說，這是檢驗他們的努力是否成功的測試。如果他們的熊睡著了，那就是很大的成功，如果沒有——就表示他們失敗了。

在熊被奴役期間，牠們完全不會冬眠，牠們的生活方式就和牠們的主人沒兩樣。有些熊會在冬天陷入昏昏欲睡的半冬眠狀態，但是也有些熊在冬天就和平常一樣活動、進食，牠們身上沒有足夠的脂肪組織，讓牠們能好幾個月陷入昏睡。

冬眠對熊來說也是一項能力和自我存在價值的測試。如果熊已經夠有自信，覺得可以好好照顧自己——也就是說，首先在身上貯存一些脂肪，好應付更艱難的時刻，然後找到一個合適的地方，挖一個洞鑽進去，最後陷入昏睡——這就表示，公園工作人員花在牠身上的心血有了成果。

2.

熊的冬眠是一種人類無法完全解釋的自然現象。第一，冬眠動物的體溫會大幅下降，但是熊的體溫只會下降一度——從三十六度降到三十五度。熊可以隨時輕易地醒來，牠們的聽覺在冬眠時期依然靈敏，如果有人太靠近，熊就會甦醒。

第二，熊在冬眠時不會排泄。牠們會睡上三四個月，在這段期間不尿尿也不排便，沒有人知道牠們是怎麼辦到的。

第三，熊會以同樣的姿勢躺好幾個月，很多時候甚至連一公分也沒有移動。牠們的身體不會麻木，也不會長褥瘡。牠們醒來之後，表現得彷彿沒有任何事發生過，然後就去尋找食物。

3.

貝利察的熊有太多時間需要打發。之前，牠們一直在為吉普賽人工作，必須忙著跳舞和表演各種把戲。

現在牠們的時間都是自己的了。

熊因此感到迷失。如果牠們是野生的熊，牠們一天會花四分之三的時間尋找食物。但是在這裡，牠們的食物是準備好的，剩下的時間要做什麼？

貝利察的熊不懂得運用時間，這在冬天特別明顯。「冬眠意味著，你必須為更艱難的時刻做準備。」伊凡諾夫園長說：「你會在身上貯存脂肪，這樣下雪的時候你才能利用它。如果你不好好準備，你可能會死。嗯，不過在貝利察牠們不會死，我們會救牠們。但畢竟我們努力的方向是讓牠們盡可能在自然的環境中生活，所以如果可以不必干涉，我們就盡量不干涉。」

艾蓮娜（Elena）是二〇〇九年從塞爾維亞帶來的熊。牠來到此地的一年中有很大的進步，堪稱眾熊的典範。牠是牠那個區域的老大，總是第一個知道要如何把好吃的食物從石頭底下挖出來。

但是突然，當冬天降臨，艾蓮娜變得狂亂。第一場雪降下時，牠開始重複繞圈、搖晃身體，完全不知所措。牠的身體正在告訴牠某種關鍵的解套方式，但牠不瞭解這些跡象，無法回應它們，於是就用強迫性的行為來回應。牠開始成天搖晃，就像長期和母親分開、有嚴重分離焦慮的孩子會有的症狀。牠幾乎停止進食——這件事非常荒謬，因為在冬眠時，正應該是牠吃最多的時候。

整座公園的人都在思考，在這種情況下要如何幫助牠。四掌基金會的人試圖用別的事來吸引牠的注意。他們把食物藏在不同的地方，但是那時候艾蓮娜就幾乎完全不吃任何東西了。

他們把牠帶到新的區域，但牠的壓力變得更大。

他們試著幫牠在地上挖一個洞，透過這來暗示牠該怎麼做，但一點用處也沒有。那時候有人想出幫牠做一個小屋，就像狗屋一樣，只是大了一點。公園的人很快地用木板做出一個小屋，裡面鋪上樹葉。賓果，他們成功了！艾蓮娜開始把身邊的雪清走，也不再搖晃，三天後牠就冬眠了。

「從那次開始，我們每年冬天都會建造五、六個這樣的小屋。」公園的人說：「去年賽伊達（Seida）也有使用，雖然牠自己挖了個冬眠用的洞，但是牠的洞崩塌了。牠昏昏欲睡地走到其中一個小木屋，然後就繼續倒頭大睡。」

4.

頭幾年，跳舞熊公園只有幾頭熊會冬眠。

兩年前，有十八頭。

但最棒的是一年前——二十七頭熊中，有二十六頭冬眠。

當然，如果牠們能自己處理一切，那是最好了。「也許牠們還學得會？」伊凡諾夫園長思考。「但是你不能把熊放到大自然中，然後等牠們自己打點好一切。自由是很複雜的事，必須循序漸進地給予。如果熊已經會冬眠，這表示，牠正往自由的道路上邁進。牠不只是活在今天、在當下，而是學會了為更艱難的時刻做準備。」

七　送獅子到非洲

已經有好幾年，四掌基金會可以不用再擔心跳舞的熊——所有的熊都已經從吉普賽人身邊被帶走，帶到貝利察的熊類天堂。但這並不表示，公園的工作人員可以去找新頭路了。組織找到下一個重要的目標——什麼樣的目標？送獅子到非洲。

迪米特里．伊凡諾夫園長已經親自送了兩頭。

「會買獅子的，都是那種有錢到不知道該怎麼花的人。」園長說：「我們第一個找到的獅子主人，住在小鎮梅爾尼克（Melnik）附近，他是靠毒品起家的。人們說，他曾經有一家安非他命工廠，但是賺到足夠的錢就把工廠收了，在北部一座美麗的湖邊開了一家飯店，把獅子當作招攬顧客的噱頭。」

「就像處理熊的問題時一樣，我們必須明確訂定目標。」

「目標：獅子。

任務：解放獅子。

重點：獅子，獅子的，為了獅子，和獅子一起，關於獅子。」

「我先去這家餐廳勘查情況。每次要出這樣的任務前，我都必須妥善準備。我常在保加利亞的電視或報紙上露臉，不知道會不會有人認出我。我在這些任務中最重要的準則是：裝笨。最好是：比實際上笨很多。」

「我於是戴上太陽眼鏡和草帽，裝成愚蠢觀光客的樣子，然後直接跑到飯店去。我告訴他們，我想和孩子一起來玩，而我聽說他們有一個非常吸引人的特色。他們就說：沒錯，當然有。」

「第二個重要準則是：他們上鉤之後，我就讓他們盡量多說，說愈多愈好。我自己只會適時點頭、做一些表情，頂多問一些問題，但不會是太聰明的問題。在這間飯店，事情進行得極為順利。服務臺的人告訴了我一切細節：這是哪一種獅子、在他們那裡多久了、他們給牠吃什麼，最後我還去拍了幾張照片。」

「有了這些資訊，我就能去找警察。」

「但是，通常這時候會遇到難關。在保加利亞鄉下，大飯店的主人認識所有人——公務員、警察、市長。他們在白天會點著頭說：確實，在私人場地養一頭獅子是違法的。但之後他們就會拖拖拉拉，百般刁難。因為，你怎麼能把朋友的獅子沒收？於是他們會說，他們的警察不知道怎麼運送這樣的動物，我們最好一年後再來，或者五年後更好，他們會利用這段時間讓警察受訓。我們的體制雖然轉型了，但在保加利亞，許多事要花很久才會改變。」

「在這種情況下該怎麼辦？我們必須去找更高層的人。我們不會一開始就去首都找中央政府，而是先去找地方首府。地方的利益關係在那裡已經沒那麼大的影響力，而你總會找到願意幫助你的人。他們很清楚，我們的組織和政府部會及國會的關係良好，而我們也總是可以找到更高層的人。」

「環境部在當地有自己的分部。理論上，他們才是該做這一切工作的人。但如果我們仰賴他們的話，直到今天吉普賽人還會用鐵鍊帶著熊，在保加利亞全國各地跑來跑去。這些公務員一個月的薪水只有八百列弗，他們最擔心的是怎麼做才不會得罪任何人，這樣才能保住自己的飯碗。」

「所以我們得靠自己。」

「為了沒收獅子，我們花費好幾個月的時間才弄齊所有文件。最後我們有了文件，有了沒收獅子的警察，也有了給牠做檢查、在所有的文件上蓋章的獸醫。我們一起去到飯店，對老闆說：『您好，您有一頭獅子。根據保加利亞的法律，飼養獅子是違法的。我們是來沒收獅子的，請把牠交給我們。』」

「那人看著我們，看著警察，看了看我們的文件。他打量著我們，八成在想可以打電話給誰，還有這麼做到底有沒有用。最後他彷彿做了什麼決定，打開門然後說：『如果是那樣，那就沒有別的辦法了，請進。』」

「你會認為這太簡單了，對不對？我一開始也是這樣想的，我甚至很驚訝。但是那傢伙只是深信我們無法帶走他的獅子，以為他可以僥倖脫身。我們會和他談一談，對他說說教，然後獅子還是會留在他那裡。直到他打開大門。看到我們的救護車、獸醫和工作人員，他才知道我們是玩真的。」

「他暴跳如雷，開始大吼大叫。但像他那樣的人十分敏銳，他知道可以對誰吼，對誰不行。他沒有來惹我，也沒有惹四掌基金會的任何人或是警察。他選了獸醫。當獸醫試圖給獅子打麻醉針，他就站在獸醫耳朵旁邊一直吼、一直吼、一直吼。」

「『是誰他媽的讓你畢業的?!』他大叫：『你知道怎麼給獅子打麻醉針嗎，啊？你這輩子到底有沒有看過獅子?!』」

「獸醫開始渾身發抖。我一點都不覺得奇怪，那人有兩百公分高，而且看起來就是一副要揍人的樣子。而警察站在自己的車子旁，假裝沒有任何事發生。我們拿到獅子就會離開，但這些人還要繼續住在這裡，在街上和那人擦身而過。獸醫也知道，如果飯店老闆盯上了他，是沒有任何人會幫助他的。」

「我能不能幫助他？很可惜，不能。對我來說最重要的是獅子。我必須把獅子安全地送上救護車，然後坐飛機把牠帶到南非。於是我就這麼做了。」

「類似的困境我在十幾個月後也會遇到。那時候，我們從一個私人飼主那裡沒收了第二隻獅子。」

「獅子的主人多年來是保加利亞—土耳其海關的關長。在那裡走私香菸、汽油或人口，都要賄賂他，他靠這個賺到一棟漂亮的豪宅。」

「我們從幾個不同的管道得知，他在家養了一頭獅子。我們很難進去拍照，我在那附近晃了好幾個月，沒有人能幫我。最後，反倒是飼主自己決定現身。他自信滿滿，讓一本名人生活雜誌給他做專訪，並和妻子一起帶記者參觀他的豪宅。專訪的亮點是一張大大的、他們夫妻和獅子的合照，下面的說明寫著：『我們會呼嚕呼嚕叫的朋友。』」

「既然他挖坑給自己跳，我們當然不能放過這個機會。我們在幾天內就準備好人員和文件，然後開車到他家門口，警察說明來意，我們則拿出沒收獅子的文件。」

「那個人不在家，但是他太太很親切。『既然是非法的，那就請你們把獅子帶走吧。』我對她承諾，他們不會繳很多罰金。她甚至向我道謝，只是在讓我們進去之前，她得打個電話給她先生，告訴他一切。」

「她打了電話給他，然後情勢就一百八十度逆轉。沒多久，他太太就把電話交給負責發號施令的警察，然後我就看到他不斷重複：『好，好，好，好。』」

「過了一會兒，警察把電話還給他太太，對我說，根據他得到的最新消息，這棟房子裡沒有任何獅子。不久後我們看到一輛吉普車從房子後方離開，不知開往何處。」

「女主人突然消失了，而在門前則出現一個看起來像管家的人，驚訝地說：『獅子？什麼獅子？各位知道，養獅子是犯法的啊……』」

「我們不抱希望地搜索了那棟房子以及附近的區域。房子裡甚至有一個籠子，裡面還有動物住過的痕跡——沒吃完的食物和排泄物。但是警察完全沒有要蒐證。『沒有找到獅子。』他們寫了報告。我們可以回貝利察了。」

「不到一週，獅子的主人撥電話到我的私人手機。『我會把牠交出來，只是不能有警察、證人和罰金。』」

「我想都沒想就答應了。獅子是最重要的。如果我不救牠，他可能會把牠殺了。以前已經發生過這樣的事：當獅子還小、還很可愛、看起來像隻小貓，人們會把牠們養著。等牠們長大，他們就會找認識的獵人來，或是自己拿起槍把獅子解決。」

「我們約在離當地不遠的森林。我們開著救護車過去，那個看起來像管家的人則開著車，把獅子載過來。我們接過籠子，然後帶著它去找警察。我們對警察說，這頭獅子自己在鎮上跑，我們在公園把牠抓住，然後塞進籠子。你們看，牠就在這裡。」

「所有人都知道真相是如何，但這裡是保加利亞，像這樣的事不必寫在白紙黑字上。」

「我們簽了文件，給獅子麻醉，兩天後牠就搭上去南非的飛機了。我很高興，除了熊，我們還可以幫助其他的動物。」

八 閹割

1.

雖然公園的管理階層和工作人員在激發熊的本能、恢復牠們的自然天性這方面做得愈來愈成功，但我們必須遺憾地說，貝利察當地的居民還沒有成熟到與跳舞熊公園為鄰。

為什麼？

因為當伊凡諾夫園長精采地描述他們如何拯救熊與獅子，貝利察的居民只會做出完全沒有意義的評語。

比如說他們會問：「獅子坐飛機到南非要多少錢？」

或是：「養一頭熊一個月要多少錢？」

不然就是：「牠們的食物要多少錢？」

這些問題不會有好的答案。如果公園的人不回答，大家就會開始幻想那是好幾百萬，然後說得跟真的一樣。但如果你告訴他們確切的數目，情況也沒有比較好。

比如說，一頭熊一個月的伙食費要四百歐元。

公園一個月的營運總共需要兩萬歐元。

這些數據不是祕密，但貝利察的居民會用這個來批評公園。不管什麼時候，只要談起公園的財務，他們就會開始比較，有多少貝利察的居民可以用這筆錢過活、冬天可以買多少燃料、給多少個孩子買鞋、讓多少個學生在學校吃免費的午餐——雖然保加利亞轉型已經二十五年，在許多鄉下地區依然有許多孩子營養不良。

聽到四百歐元這個數字，他們驚訝得彷彿頭髮都豎起來了。貝利察很少有家庭一個月的收入可到達四百歐元，而許多家庭都有好幾個孩子。

當居民把這些有許多零的金額加起來，他們得出一個令人不快的結論：熊還有人好好照顧，甚至比他們好。有人教導熊如何面對現實、化解衝突和冬眠，有人幫牠們建造游泳池和符合牠們需要的遊戲場，在此同時，貝利察的居民孤苦無依，只能靠自己。雖然他們學習自由的時間比熊長，但沒有專家協助他們適應轉型。

「我真遺憾自己不是一頭熊。」貝利察的前任鎮長哈珊．伊蘭（Hassan Illan／Hasan Ilan）在比較跳舞熊公園的經費和小鎮政府的經費時，苦澀地說。

公園的工作人員努力試著把這些話聽過就算，不要往心裡去。他們很清楚，居民的這些抱怨不該衝著他們來。四掌基金會成功找到了協助熊和獅子的經費（而不是幫助在轉型中迷失的保加利亞鄉下居民），並不是他們的錯。貝利察居民應該去怪自己的政府，期待政府改善他們的命運，而不是怪熊。

2.

即便有許多誤會，但是跳舞熊公園的工作人員把和貝利察的居民打好關係當成首要任務之一。他們竭盡所能鼓勵居民來參觀公園，並且也為建立良好關係投資人力與金錢。在小鎮上，你可以看到許多被拯救的熊的海報，地方政府也會把熊的照片放在官網，做為小鎮的宣傳。為了更進一步，工作人員想出一個辦法：每年他們會邀請貝利察學校的孩子們來拿復活節彩蛋。

第一次舉辦活動時，他們很用心地準備。活動包括比賽、小丑表演、吃點心，還有主持人在遊戲場負責炒熱氣氛。這場活動辦得成功極了，所以當工作人員發現，這些孩子的家長最關心的，竟然是「如果熊跑出去，開始攻擊人或吃人，那該怎麼辦」，他們是多麼失望和受傷啊。「沒有人有一句好話，沒有人說：『喔，好棒的活動，氣氛真好，孩子們真開心。』」一個工作人員抱怨：「大家都只忙著問：『你們真的會把這些熊看好嗎？』我們說，會，畢竟我們有電網，還有很高的柵欄。人們又問：『那好，但如果熊在下面挖地道怎麼辦？』我們說：『我們有攝影機，如果牠們開始搞鬼，我們馬上會看到。』然後就有個男人問：『那如果牠們從樹冠上爬出去怎麼辦？』我真不知該說什麼好！」

幸好，過了幾年，沒有一頭熊從公園裡逃出去，而幾個貝利察的居民也開始在跳舞熊公園裡工作。居民漸漸習慣了退休的跳舞熊，一切跡象都指出，他們的關係只會愈來愈好。

可惜的是，沒多久貝利察的居民得知，每隔幾個月，來自德國的牙醫馬克．路斯（Mark Loose／Marc Loose）會來給熊做檢查，他們又開始說：怎麼能從德國請牙醫來給熊看牙，既然貝利察九成的居民都沒有錢看牙。這裡的居民要不是缺了牙，不然就是完全沒有牙。「很少人有錢補牙。」當地的牙醫莉莉安娜．薩馬爾傑瓦（Liliana Samardżewa／Liliana Samardzhyeva）承認，她在一棟有著紅色屋頂的小房子內看診。「大部分時候，牙齒會被拔掉。如果有病患來，我對他說：『治療要三十五列弗，拔牙要二十列弗。』大家幾乎都會選擇拔掉。雖然，有很多人甚至付不起拔牙的錢。那該怎麼辦？我就讓他們賒帳，等他們有錢的時候再還我。」

「人們不應該這樣看待這件事。」迪米特里．伊凡諾夫園長說：「沒有人故意把他們的牙敲掉，而這些熊的牙是被人刻意打掉的。許多熊一開始什麼都不能嚼，如果我們不提供幫助，牠們要不就死掉，不然就生重病。當你看到一頭熊想要吃堅果，試著左邊嚼嚼，再右邊嚼嚼，但完全無法嚼碎，這真是很令人沮喪的一幕。」

3.

不過，公園和小鎮之間最大的醜聞在公園創立之初就爆發了。當時的園長很希望居民能來認識自己的新鄰居，來的人愈多愈好。

公園準備了特別的車，如果有人想要，可以坐著這些車到整座園區參觀。因為一切都是公開透明的，人們於是去了所有的地方，包括觀察站、小咖啡廳、小商店，還有最後——放熊的食物的倉庫。

那時剛好是春天，而熊的飲食是根據時令蔬果設計的，倉庫裡於是放著五箱草莓。「然後就開始了。」一個工作人員說：「我們完全無法告訴民眾我們在做什麼、我們救了幾頭熊、這件事對貝利察有多重要（我們的工作讓小鎮變得世界知名）、還有對那些從野蠻習俗中被解放的熊有多重要。不，最重要的話題只有一個：熊會吃草莓。」

「『我們的孩子不能吃草莓，因為我們沒錢。』人們說：『而他們卻把整箱的草莓都丟給熊吃。』」

「已經沒有人去算，如果我們有五箱草莓，除以熊的數量，每隻熊只吃得到半公斤草莓。熊吃草莓，是因為如果我們要給牠們創造自由的表象，也得透過飲食來完成——這件事同樣沒有人注意到。我和民眾說話的時候，我在想，他們到底明不明白我們公園的理念，以及我們進行的這項偉大改變的意義？有一次，一個男的問我：『告訴我，既然你們的熊完全不跳舞，為什麼你們的公園要叫作〈跳舞熊公園〉？』聽到這種話，我真不知道該怎麼回！」

4.

「根據官方說法，圍繞著我們公園的深山中，大約有五百頭熊。」伊凡諾夫園長說。

「我們思考了很久，這些熊到底對我們的熊有什麼影響。四周是野生的熊，而我們的熊則卡在奴隸和自由的中間地帶。來，我帶您到陽臺看看。您瞧，我們前面是皮林山脈，在這個山丘上，我們去年看到一頭母熊帶著兩頭小熊。左邊則是里拉山脈，在這裡我們看過一隻孤獨的公熊，我們懷疑那是牠的地盤。有另一隻公熊，有時候也會從左邊過來。」

「你也許很自然就認為：既然在牠們的地盤上突然出現了將近三十頭熊，牠們應該會感到好奇，應該要做出一些反應，對不對？」

「我們想過，牠們的互動看起來會是什麼樣？我們的母熊會對自由的公熊感興趣嗎？牠們會不會隔著鐵絲網和野生的熊成為愛侶？牠們會試圖逃脫嗎？」

「這些想法很令人興奮。因為雖然它一定會破壞我們原有的計畫，但另一方面，我們永遠無法告訴牠們關於自由的知識，而野生的熊或許可以。」

「但我們很快就發現，野生的熊對我們的熊完全不感興趣。牠們甚至不會靠近鐵絲網，只是忽視我們的熊。也許是因為氣味？也許奴隸聞起來感覺不同？」

「也許那些熊也感覺得到，這裡沒有任何東西好找的，因為公熊都被閹割了，而母熊也有點奇怪？」

「也許這裡人太多了，沒有一頭正常的熊會接近，即使牠們聞到母熊的氣味。正常的熊野性、自信又獨立。也許，牠們感覺得到我們的熊不是這樣，所以不值得和牠們一起繁衍後代。」

5.

「可惜，這是令人沮喪但真實的結論——我們的熊生活的所在，只有自由的表象。這不是我們做出的選擇，因為我們最想要的就是讓牠們在這裡待一兩年，然後把牠們放入森林，自己面對大自然。但如果有誰一輩子大部分時間都是奴隸，他在自由中是沒辦法生存下去的。」

「熊的情況如此，人也是一樣，您不這麼覺得嗎？」

「我毫不懷疑，如果我們把鐵絲網拆下，讓我們的熊進入森林，牠們活不過一年。牠們要不就會因為找不到冬眠的地方凍死，不然就是在闖入別的公熊的地盤時被殺死。或者，牠們會開始在垃圾桶裡找食物，然後被人槍殺。」

「羅馬尼亞的四掌基金會有一個中心在收容失親的小熊。獵人獵殺了牠們的母親，有人找到這些小熊，就把牠們送到中心。這些小熊會在中心度過兩年的生活，然後被野放到大自然中。可惜，效果很差。沒有一頭熊可以活過五歲。在大自然中，小熊在長大成熟之前也經常會死亡，比較年長的公熊會殺死牠們，免得牠們成為敵手。而對其他的掠食者來說，小熊只是一塊好吃的肉。」

「但是在大自然中，野生小熊的死亡率是三到四成，而從那個公園野放出去的熊，沒有一頭存活。」

「人類是另一個問題。不過是幾年前，在保加利亞，沒有人會因為看到熊而大驚小怪。這很正常，既然在里拉山脈有超過五百多頭熊，大家一定每隔一陣子就會看到牠們。」

「但是當我們逐漸西化，大家對於和大自然接也愈來愈反感。幾年前一名男子被熊殺死，社會馬上就一片騷動，說我們的熊太多了，應該把牠們射死。這讓我非常生氣。有家電視臺請我評論這件事，於是我說，也有人會在河裡淹死，但是沒有人要求把河水抽乾。如果我們居住在大自然附近，有時就得付出代價。很多西方國家願意花大錢和我們交換，因為他們——德國、奧地利——已經把自己的自然摧毀殆盡了。」

6.

「幾年前的事件，完美地呈現了今日德國人的心態。多年來，在德國都看不到野生的熊，突然，一頭熊出現了，是從義大利過來的。媒體上一片歇斯底里，大家說這熊是野生的，一定很快就會開始殺牛，然後殺人。」

「幾天後，這頭熊被射殺了，雖然牠沒有威脅到任何人。」

「我擔心，再過幾年類似的情形也會在我們這裡發生。」

7.

「回頭談談我們的熊。這些沒有牙齒、有白內障、還有一堆情緒問題的熊，在野外是沒有存活機會的。特別是，牠們小時候沒有受過如何當一頭熊的教育，在正常的情況下，這些事是母親教牠們的。」

「在大自然中，小熊會跟著母親度過生命中的頭兩年。阿拉斯加的科學家把母熊如何教小熊的過程錄了下來。母熊會帶小熊到河邊，然後示範給牠們看，手掌要怎麼擺，才能抓到魚。」

「而我們的熊媽媽可以教自己的小熊什麼？也許只有這些：如果有車來，很快就會有食物吃。或是：如果你自己不會挖冬眠的洞，就會有一個臉上長毛的人來幫你蓋小屋。」

「可惜，我們的熊不只有奴隸的氣味，連心態也是奴隸的。過去二、三十年來，牠們已經習慣有人會幫牠們想，給牠們找事做，告訴牠們要做什麼、吃什麼、在哪裡睡覺。這對熊來說不是最好的生活，但是牠們沒有別的生活。」

「這是為什麼我們決定要閹割我們所有的熊。看著牠們這樣很令人難過，因為每年牠們都會發情、交配，然後開始等待小熊。當這些小熊沒有出現，牠們就很驚訝、焦慮。」

「但是我們必須做我們該做的。或許，我等一下要告訴您的問題，原因就來自於此。」

九　跳舞的熊

1.

對那頭叫作好好（Dobry）的熊來說，最令牠備感壓力的日子，是牠的前任主人來到貝利察的那天。

那個公園裡的人不記得名字、也不想記得的吉普賽人，是某部關於保加利亞羅姆人（Romowie／Roma）的紀錄片主角。那部紀錄片是某個西歐的電視臺拍的，紀錄片導演想出一個天才的主意：既然他的主角是失去熊的馴熊師，那就得讓他們重聚。

「我當時在場。」迪米特里．伊凡諾夫園長說：「好好眼睛瞎了，雖然醫生移除了牠的白內障，我們卻發現他的主人以前會打牠，這導致牠的視力受損。突然，在貝利察待了好幾年後，好好又聽到牠的聲音。」

「牠僵硬不動。」

「然後在地上躺下。」

「牠用手掌遮住嘴巴，彷彿在乞求什麼。」

「牠豎起了耳朵。」

「吉普賽人對牠大吼、揮手、炫耀。他一邊哭一邊叫好好『我的孩子』、『我的小熊』、『我的心肝』。而好好就躺在地上，用手抓著鼻子，豎起耳朵，一動也不動。」

「吉普賽人開始丟蘋果給牠，其他不認識那個人的熊都去撿蘋果來吃，只有好好沒有。」

「拍片團隊其中一人問，吉普賽人能不能在和熊分別多年之後強迫牠跳舞。我說，如果他們敢試試看，我會強迫他們所有人跳舞。」

「他們失望地離開了。」

2.

雖然伊凡諾夫園長無微不至地照顧自己的熊，就像母親照顧孩子，雖然公園的熊有著根據季節變化和身體需要而設計的完美飲食，雖然牠們有專屬的松樹、游泳池和十二公頃的公園，雖然牠們有訓練有素的團隊日夜照顧，試圖在各方面協助牠們（甚至試圖猜測牠們的想法！），雖然牠們擁有自由而且每天都更瞭解如何運用它——但有一件事，是公園的工作人員不願意談論的，就算會談，也帶著某種尷尬。

我瞭解那種尷尬。

這件事就是：即使有這些棒透了的生活條件，即使有蜜蜂、草莓、堅果以及冬眠小屋，即使公園有幾十萬美金的投資，即使有在保加利亞和全世界推行的社運的支持，即使有碧姬．芭杜（Brigitte Bardot）的親自投入（她的基金會支付公園一半的開銷）以及其他許多有影響力的動保人士的支持，即使工作人員會把食物藏在石頭底下，即使德國的牙醫經常來給牠們看病，即使有人定期給牠們檢查血液、尿液、糞便，即使牠們的白內障已經被治好，即使牠們血壓正常、卡路里攝取適量、即使在展覽室的金屬鼻環已經開始生鏽，即使牠們的前任主人現在得了心臟病、癌症、肝硬化或是已經過世，即使有這一切——

幾乎所有的熊

到今天

都還會跳舞

當牠們看見人——牠們會用兩條後腳站起來，開始左右搖晃——就像以前一樣乞求麵包、糖果、一匙啤酒、有人摸摸他們、讓牠們不再痛苦。雖然，已經很久沒有人再讓牠們受苦了。

3.

熊會在各種情況下跳舞，而這——根據公園工作人員的說法——很令人難堪。

有時候，只要牠們看到遠處有人影，就會跳舞。

有時候，只要牠們感覺到某種氣味，可能是讓牠們想起往日時光的香水，就會跳舞。誰會料到，來參觀的女士之一會擦香水？這香水——我們這麼猜想吧，或許是馴熊師的太太常擦的？或是馴熊師常用的古龍水？或是，某個孩子的氣味聞起來像是他們的孩子？

人類不會留意到這些微妙的氣味變化。但是熊的嗅覺是牠的五感中最靈敏的。在大自然中，牠們可以聞到幾公里以外的氣味。春天，熊會在雪地中挖出很深的洞，因為牠可以感覺到有一隻岩羚羊的屍體因雪崩被埋在底下。在公園中，只要有人的口袋裡有一張糖果紙，就可以喚起熊深藏的回憶。

也許牠們會跳舞，是因為熊太多，而每一頭熊的活動空間太小？野生的熊至少需要三十平方公里的活動範圍，這樣才能滿足牠獨處的需求。因為孤獨是熊的天性中最基本的一部分。然而住在這裡，牠們必須接受在一個區域中有好幾頭熊，每一頭熊的生活空間只有兩百五十平方公尺。

也許，這座公園根本無法滿足這些熊的需求。它既不自然——我們就不要自我欺騙了吧，這裡的條件和真正的大自然沒得比——但也不像牠們從小到大生活的環境。這是一個混搭的所在，卡在自由和奴隸之間。也許，這會讓熊感到困惑。

也許熊會在肚子餓或睡不飽的時候跳舞？或是，當牠們的身體告訴牠們要冬眠了，但是牠們不知道該怎麼辦？

這時候牠們可能會出現強迫行為，比如不停繞圈子，或是自殘。當那頭叫作好好的熊不知道該怎麼辦，牠會咬手掌，直到流血。牠這麼做，是因為不知道周遭發生了什麼事。

但是，大部分的熊會做那個牠們做了一輩子的舉動。以前，牠們會因此得到麵包、糖果或酒精。

當然，牠們有些行為看起來像是在跳舞，實際上卻不是。有一次，米瑪用後腿站起來，來參觀的學校孩子們以為牠會跳舞，就開始拍手、照相。但事實是，米瑪餓了，站起來只是想看看裝著食物的車來了沒。

但牠們的行為通常很明顯，讓人無法粉飾太平。如果熊的生活中出現壓力，牠們會試圖用那個烙印在牠們內心深處的行為來應對。

「牠們有一天會停止這麼做嗎？」伊凡諾夫園長沉思道：「我想，隨著時間流逝，牠們這麼做的次數會愈來愈少。但我無法保證。我之前說過了，我們所面對的是活生生的生命。如果有一天，因為某些外在因素的影響，我們的熊忘了我們教會牠們的一切，全部一起開始跳舞，我也不會感到驚訝。」

十　尾聲

1.

在小村格采沃，在天竺葵街上，秋天是一場彩色的瀑布，從樹上流瀉到昔日馴熊師的家。要來到這裡，你得開過一條破破爛爛的路，在許多地方，石頭、碎石和泥巴取代了柏油。歐盟的經費還沒有來到這條路和其他類似的路上，應該也不會很快到來。

雖然熊從村子裡消失六年了，但是當我們問起馴熊師的家，甚至連最年幼的孩子都能為我們指路。許多當時還在上幼稚園的孩子，記得他們放學後經常站在馴熊師家門前丟糖果給熊。有時候馴熊師心情好，或是看到某個他認識的孩子，就會把熊的繩子解開，帶牠走到門前，表演幾個把戲給孩子們看。

我們於是找到了幼稚園灰色的建築，它被許多色彩鮮豔的溜滑梯和鞦韆包圍。

我們也找到了幼稚園對面那棟灰泥斑駁的房子，它有著一扇綠色的門，上面爬滿藤蔓。

那裡有一個中年的吉普賽女人，當她聽到熊的事，就開始用這個地區所有的語言說話。

和我同行的保加利亞記者喀拉什米爾．克魯莫夫建議，我們最好用保加利亞語交談，他會為我翻譯成波蘭語。吉普賽女人很生氣。

「他們把我們當成動物。」她吸了一口菸說：「我叫伊芙琳娜（Iwelina／Ivelina），我的丈夫維塞林和公公迪米特里都是馴熊師。全世界都認為史坦內夫一家虐待熊，這讓我覺得很心痛。在這世界上，你找不到第二個像我公公那樣的馴熊師！」

「熊會聽他的話，就像他是牠們的媽媽。」另一個比較年長的吉普賽女人說——那是迪米特里．史坦內夫的妻子瑪莉卡。

「他愛牠們，牠們也愛著他。」伊芙琳娜補充。

提米特里的孫女薇莎琳娜說，她童年最快樂的回憶是，春天的時候，爺爺會和熊一起準備新的一年的節目。

「他們會摔角。米修有時候會故意讓爺爺——」薇莎琳娜微笑著說：「當爺爺已經認為他可以扳倒米修，米修卻突然不費吹灰之力，砰一聲讓爺爺躺下。你可以看得出來牠有多得意。牠的嘴甚至都在笑，很開心牠的玩笑奏效了。」

就是迪米特里和他的兒子們把保加利亞最後的熊賣給跳舞熊公園。

當維塞林的兒子和米修一起坐在籠子裡不想出來，那時候看著窗外什麼都不做的，也是迪米特里。

就是他的疾病在那時候出現了第一個徵兆。

「當他們把米修放進籠子裡帶走，我丈夫坐了下來，摸著心口，然後就那樣一直坐著。」迪米特里的妻子瑪莉卡說：「他就那樣坐了好幾個小時，動也不動。家裡所有的女人——我、女兒、媳婦、孫女們——都在哭，而他什麼反應都沒有，甚至連眼睛都沒有眨一下。我們避開他，躲在角落，這樣他才不會看到我們的眼淚。但是他已經無所謂了，甚至沒有注意到我們。」

2.

迪米特里的墓在村子邊緣的一個墓園裡，在他的墓地周圍，有著不知道是哪個世紀留下的石頭十字架、比較重要和比較不重要的居民的新墳。所有的墳墓上都長滿了草，無一例外。

伊芙琳娜坐上我們的車時，帶了一個裝著咖啡的陶瓷杯，還有一朵路邊摘的花。她把花放在公公的照片下，然後把咖啡灑在那塊小墓碑上。

「他看到我的時候總是會說：『親愛的媳婦，幫我泡杯咖啡！』有時候他一天要喝三四杯。這就是為什麼我來掃墓時總會給他帶一杯咖啡。我用他以前喜歡的方式泡：一匙半咖啡粉，不加牛奶和糖。」

「我們把他的手風琴放進棺木，因為他從小就很會拉手風琴。」妻子瑪莉卡邊擦眼淚邊說：「對不起，平常我不會在他的墳上哭的，但今天是聖迪米特里節（Dzień Świętego Dymitra／Saint Dimitar's Day），有許多回憶。我們總是會在這個節日唱歌、喝酒、玩樂。我們的熊也會得到一些好吃的。而今天？我們的熊沒了，我的丈夫和孩子也不在了。我的兒子們必須去希臘，因為這裡找不到任何工作。大部分的前任馴熊師都走了。我丈夫的弟弟龐丘開了一陣子油罐車，現在在希臘當建築工人。我們的大舅子史蒂芬之前在義大利一個加油站工作，現在他生了病。」

我看著貼在磨石子墓碑上的迪米特里的照片，照片中有一個留著鬍子的男人，站在一頭用兩條後腿站著的熊旁邊。照片的說明是：「獻給迪米特里，多年來他帶著他的跳舞的熊，為瓦爾納到金沙灘的孩子帶來娛樂。」

迪米特里的一隻手拿著綁著米修的繩子。另一隻手則拿著古斯爾琴，他總是會用這把琴演奏，讓熊跳舞。

「對了，古斯爾琴！迪米特里的古斯爾琴哪去了？」我問，然後喀拉什米爾把我的問題翻譯給吉普賽人聽。

「他自己帶走手風琴，而我會把古斯爾琴帶給他。」迪米特里的妻子瑪莉卡說。從墓地回到他們家的路上，沒有人再說話。

3.

熊被帶走後，迪米特里的病馬上就發作了。

「他總是我們全家最健康的人。」瑪莉卡強調。「一直到深秋，他都可以睡在戶外，隨便蓋什麼都可以，也不會流鼻涕。他最拿手的絕活是和熊摔角，他可以把這附近的任何人摔倒在地上，但是突然，他變得像根草一樣脆弱。」

他去拉茲格勒看病，然後又去了舒門和瓦爾納。

他在家裡無神地晃來晃去，彷彿他不在此處。他常會說話說到一半，然後就忘了自己要說什麼。

「爺爺的手風琴總是拉得很好聽。」孫女說：「有一年春天，也許是熊被帶走的兩年後，他心情終於變好了。他說，必須往前看。他穿上自己的傳統服飾，拿起手風琴，一開始先去了瓦爾納，後來又打電話回來說，他要和朋友去希臘。他在那裡的餐廳四處巡迴，演奏手風琴、唱歌、賺錢。」

「他離家一個半月。」妻子說：「最後他憂愁地回來。『我就像個笨蛋一樣跑來跑去。』他說：『這些歌沒有熊沒辦法唱。』」

然後他又封閉了自己。

才不過一年的光景，他的藥就裝滿了整個皮袋（是那種偽裝成真皮的人造皮）。一個是治高血壓的，另一個則是治肝病的，還有一個是治腎臟疾病的。史坦內夫一家今天都還留著這個袋子，他們沒辦法把它丟掉。

如果迪米特里住在別的國家，他的醫生也許會告訴他，他有憂鬱症。他會給他開一些抗憂鬱劑，或許還會給他做幾次心理治療，讓迪米特里談談熊離開後，他有多麼傷心痛苦。也許治療師可以協助他克服創傷，就像那些因為車禍或癌症失去親人的人。畢竟，米修和他共度了十九年的人生。

也許，如果把熊帶走的組織作風稍微有點不同，他們會主動建議要提供他協助。這不難想像，如果有人一輩子都做同一項工作，要他立刻轉換跑道是很困難的。即使大家認為迪里特米的工作很野蠻，但不可否認，他和米修的關係很深厚。

但他們不會這麼做。四掌基金會只想到熊。如果你問他們關於馴熊師的事，他們會說：「有專門關心羅姆人權益的組織，他們應該去找這些組織。」

4.

從希臘回來的幾個月後，迪米特里第一次心肌梗塞發作。他在自己家裡的廚房跌倒，倒在桌子和冰箱之間。

救護車來了，把他載到拉茲格勒。醫生說，他的心臟情況十分糟糕。他活不過下一次心肌梗塞——而下一次發作只是早晚的事。

迪米特里回到家，帶著更多的藥，以及醫生的叮囑，叫他千萬不要生氣。他不再看新聞，也不再收聽電臺，他甚至試著不喝咖啡。

他後來因為一次小中風被送進醫院。他再也沒有回來過。

「爺爺是在去年因為思念而死的，他想念米修。」他的孫女薇莎琳娜因為悲傷而開始嗚咽、哭泣。

米修的熊腦袋無法理解迪米特里的死。牠應該只知道，從前有一個人，很長一段時間都在，有時候這個人是猛力的一推，有時候他是糖果和麵包。突然，這個人消失了。

有時候，這個人會以氣味或味道的形式回來。那時候米修會迷失一下子。但是這不影響牠繼續邁向自由，不斷進步。

牠吃著真正的、熊該吃的食物。牠已經學會了冬眠，甚至可以自己挖洞。牠的牙根原本受到損傷，無法讓牠嚼比較硬的肉，但現在牙醫已經幫牠把這些牙拔掉了。牠鼻頭上原本套著金屬環的地方，現在已經癒合。

當春天來臨，米修會從沉睡中甦醒，去找斯維特拉。牠會在牠身邊打轉，像個羞澀的少年。牠接近牠，然後又遠離。牠會吼叫、摩擦樹幹、然後又來到牠身邊。斯維特拉會有耐心地看著這場表演。

直到牠們在一起。

牠們繁衍後代的行為不會持續很久。結束後，斯維特拉好幾個月都處在一種幸福喜樂的狀態。直到過了一兩個月，牠才發現有些事不對勁。那時候牠和米修會在自己居住的角落開始跳舞，在跳舞熊公園——那個看起來像是旅遊手冊圖片的夢幻所在。

跳舞的熊去上工……（Photo Credit: Albin Biblom）

……還有在出門前。（Photo Credit: Albin Biblom）

史蒂芬・米切夫・馬林諾夫和熊摔角時……（Photo Credit: Albin Biblom）

以及贏了摔角後。（Photo Credit: Albin Biblom）

史蒂芬的熊是從索非亞的動物園來的，史蒂芬拿到牠時，牠只有幾個月大。牠的媽媽被安樂死了，因為牠殺了一個試圖闖入熊園的酒醉士兵。（Photo Credit: Albin Biblom）

捷爾吉・米切夫・馬林諾夫和他心愛的薇拉。（Photo Credit: Albin Biblom）

熊在保加利亞一個度假勝地娛樂民眾。（Photo Credit: Albin Biblom）

龐丘・史坦內夫和他的熊。人們說，當某家動物園的園長給他開的價錢太高，
龐丘就自己到森林裡抓了一頭熊回來。（Photo Credit: Albin Biblom）

馴熊師和熊在大自然的懷抱中休息。（Photo Credit: Albin Biblom）

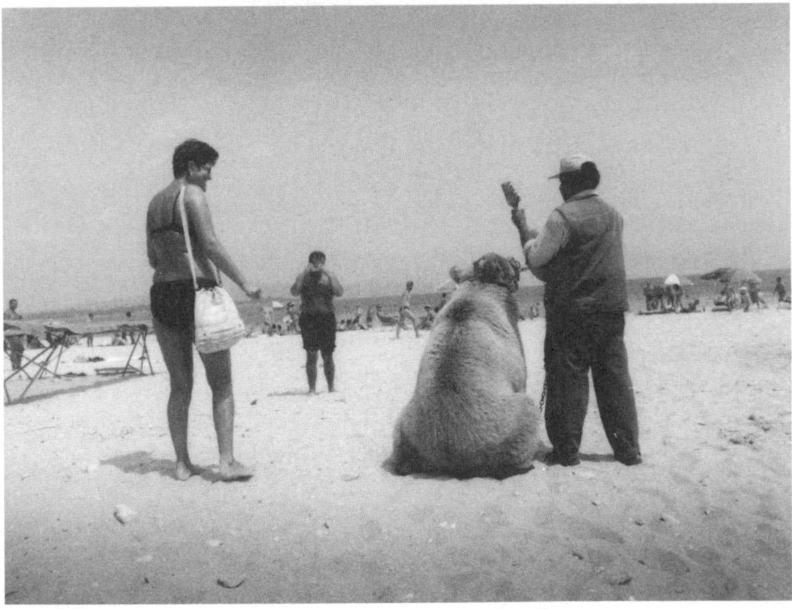

龐丘、觀光客和熊在黑海。（Photo Credit: Albin Biblom）

第二部

一愛

牠從不缺麵包，喝最好的酒，還有草莓、巧克力和巧克力棒可以吃。如果我辦得到，我會把牠背在肩上。所以，要是你說我會打牠，說牠跟著我過得不好，那你就是在說謊。

麥克革命來了

「『大鬍子』（Brodacz／Barbudos）撐不久了。」從關塔那摩灣（Guantanamo）到比那爾德里奧省（Pinar de Rio），大家都這麼說。

「他已經死了，只是他們不敢把消息放出來，免得全國人民因為過度悲傷而發瘋。」哈瓦那的計程車司機，阿方索（Alfonso）嘲諷地說。關於斐代爾（Fidel）的死，他敢打包票。他朋友的大舅子是政府醫院的救護技術員，顯然，他親眼看到了斐代爾。根據這位大舅子的說法，卡斯楚已行將就木。「高層已經開始討論，體制改變後誰要來接棒。」阿方索說：「因為共產主義失敗了，這是很明顯的事。但是他們也不能馬上就引進資本主義，這就像如果有人很久沒吃東西，你突然一次就給他五個大漢堡，他的胃會承受不了的。長話短說——我們的政治人物一定得準備好面對這些改變。」

「他們要怎麼準備？」

「嗯，就像所有類似的情況啊。先確保自己保有某些特權，以及沒有人會拿走他們的財產，另外，就是他們的人可以開公司賺錢。只要他們談攏了，我們這裡就會有改變，就像波蘭、東德、羅馬尼亞那樣。」

「你說的是哪些政治人物？勞爾・卡斯楚（Raul Castro）嗎？」

「才——不。」阿方索輕蔑地說：「這已經跟他無關了。卡斯楚兄弟的心態還留在冷戰時期。會去談判的那些傢伙，不管是你還是我，都不知道他們的名字。總是這樣的，你應該曉得嘛。」然後阿方索不滿地看著我，彷彿看著一個完全沒有社會經驗的人。在他眼中我八成就是如此吧：我不只不相信卡斯楚死了（雖然有大舅子的保證），而且我還不知道體制是怎麼改變的。

哈瓦那市中心一個賣雞蛋的攤販，瑪莉亞（Maria），則有不同的看法。「斐代爾還活著，只是他不明白周遭發生了什麼事。現在是人工儀器在維持他的生命。確實，現在那些決議已經跟他沒關係了。」

瑪莉亞認識載卡斯楚到醫院的司機。「他們把筆塞到他手中，但握著他的手讓他簽名的是勞爾。」她斬釘截鐵地說。

「這全都是鬼話。」真正的共產主義者米露吉亞（Mirurgia）氣憤地說。她丈夫在政府部會工作，所以他——至少米露吉亞是這麼說的——可以獲得最新、最確切的消息。「斐代爾·卡斯楚的氣色愈來愈好了，他還會為古巴做許多好事，讓所有的政敵驚訝無比。」她說。她粗大的脖子因憤怒而不斷顫動，彷彿無法相信有人會有不同的意見。

有多少人，就有多少種看法。每個人都有比較假或沒那麼假的友人，可以提供來自高層的第一手消息。關於卡斯楚兄弟的哥哥死後，古巴會變成怎樣，每個人也都有自己的高見。

用刷子取代方向燈

二〇〇六年，斐代爾嚴重內出血，所有人都以為，不久後他的死訊就會傳遍全球。[1]我和艾伯特·札瓦達（Albert Zawada），當時波蘭《選舉報》（Gazeta Wyborcza）的攝影記者想看看古巴人對這個消息有什麼反應，於是我們就飛到這個島嶼，來到觀光小鎮巴拉德羅

（Varadero）。在那裡，來自世界各地的大批觀光客在天堂般的海岸做日光浴，而我們則租了一臺最便宜的車——寶獅 206（Peugeot 206）。

雖然這臺車很便宜，它紅色的車牌卻把我們變成超人般的存在。會這樣有幾個原因。第一，在古巴租車十天的費用，是交通警察兩年的薪水（至少根據檯面上的數字）。第二，會用紅色車牌的多半是觀光客，而古巴有許多人靠觀光客的錢過活。或許這是為什麼交警只叫我們停下來一次。我們那時候目中無人地衝向他，而且還逆向行駛。他只是敬了個禮，然後有禮貌地請我們不要再那麼做。

第三，車子在古巴很稀奇。公車不多，就算有，也不準時而且經常拋錨。公車的方向燈如果壞了，駕駛會用繩子把刷子綁在車上，然後要轉彎的時候就拉拉左邊或右邊的繩子——前提是，如果他們找得到地方買刷子。因此，古巴人習慣搭便車。政府甚至幫民眾蓋了特別的候車亭——叫另類運輸車站。穿制服的工作人員會招攬路過的汽車，然後分配座位，但是你要等好幾個小時才能坐上這樣的車。所以，大家只要有辦法，就會擠上我們的車。八天內，我們一共載了：

二十五個農民、

六個穿制服的警察和一個便衣、
四個工程師、
八個護士和兩個醫生——所有人都身穿白袍、
一個神父（他是當地主教的助手）、
六個士兵、
十二個小孩——去上學或是剛放學、
三個孕婦和四個抱小孩的女人、
十二個退休人士和其他。

總共加起來，遠超過一百人。

真正的共產主義者：布希想要殺死我們

我們從聖地亞哥—德古巴（Santiago de Cuba）開往馬埃斯特臘山脈（Sierra Maestra）。斐代爾曾在那座山脈中從事革命活動。他從那裡出發，征服了哈瓦那，然後在一九五九年，他和他的游擊隊給了美國政府所支持的富爾亨西奧・巴蒂斯塔（Flugencio Batista）總統最後一擊。[2]

這裡的叢林非常原始，而且肆無忌憚地擴張。它給你一種感覺：如果我們把車停在這裡半小時，叢林就會進入車裡、摧毀車座椅、最後張開血盆大口，把我們和這部寶獅206一起吞噬。這裡的綠甚至綠得刺眼，而且不只一種，而是有幾十種不同的漸層。在這豐富多樣的綠之間，則穿梭著五彩繽紛的鳥兒，像是文句的逗點。

這個地方被創造出來，就是為了保持原始。公路在此看來很荒謬，像是個灰色蝴蝶結，不小心被人丟進這一片充滿翠綠森林和五彩鳥兒的山脈。就在道路旁，站著一個優雅、肥碩的黑皮膚女人，大約五十歲上下。我們停下來，邀請她上車。她小心地坐上來，整理了一下套裝和別在漆黑頭髮上的無邊女帽，然後我們就開往最近的小鎮。

「維特克（Witek）。」等我們的客人在椅子上舒舒服服地坐好，我開口自我介紹。我們已經知道她叫米露吉亞，要從媽媽那裡回家。她媽媽住在山上，最近生病了。

「斐德克（Fidek）?」米露吉亞沒辦法說出我的名字。

「不，不是斐代爾。但是既然我們談到『指揮官』（El Comandante）……」我偷偷一笑。

我就是這樣和人聊起卡斯楚的。我不能用直截了當的方式問，因為如果你批評「大鬍子」，有可能得去坐牢。但是，或許人們因為卡斯楚的病——還有他不可避免的離去——而變得情緒激動，他們和我們談話時十分坦誠、開放。不管是那些深愛卡斯楚的人，還是那些討厭他的人。

米露吉亞屬於第一種人。

「我希望他還能多活一倍的時間。」她語帶遺憾地說，然後又調整了一下帽子。

「為什麼？」

「感謝他，我們是最後一個沒有被美國牽著鼻子走的國家。我們有很棒的教育和醫療系統。沒有人因為飢餓而死。你只要看看被美國人掌控的多明尼加（Dominikana／Dominican Republic）或海地（Haiti）就知道了。他們那裡沒有東西可吃，而在我們的商店裡，你什麼都可以買得到……」

米露吉亞是我所遇過的、最徹頭徹尾的共產主義者。她是共產黨黨員，也是她那個社區革命保衛委員會（Komitet Obrony Rewolucji／Comitee for the Defense of the Revolution）的委員長，她丈夫在政府部會工作——至少她是那樣說的。既然她需要搭便車，她丈夫一定是基層公務員。米露吉亞套裝上別著的革命紅星，讓她看起來更加有威儀。她皮夾中甚至有斐代爾的照片。她把照片拿給我們看：上面是還年輕的斐代爾，留著黑灰色的大鬍子，還抽著雪茄。

「沒錯，但一般古巴人不能進那樣的商店。」我對米露吉亞說：「給觀光客的店裡才有所有的商品，在那裡，你要用古巴可兌換披索（convertible peso）——也就是給外國人用的貨幣——才能消費。而在那些所有人都可以進去的商店，貨架都是空的。」

「當然，我們有些困難。美國人竭盡所能削弱我們的經濟……」

「你們的經濟產業是什麼？」

「甘蔗，菸草，世界上最棒的雪茄。夠不夠？」

「要養活一千一百萬人？嗯，我不確定……」

「我們還有觀光客，遠超過兩百萬人。他們會到所有的海岸玩樂，在哈瓦那，每兩家餐廳就有一家有觀光客。即使在這裡，在馬埃斯特臘山脈，我媽媽也幾乎每天都會看見他們。」

這是事實。蘇聯解體後，古巴處在貧困邊緣，那時候斐代爾就開始放觀光客進來。於是，那些空空蕩蕩的休閒勝地又開始出現外國人，而當權者的皮夾又開始塞滿現金。這些都是勞爾·卡斯楚的人，而他們多半來自軍方。

「既然情況那麼好，為什麼會有那麼多人乞討？為什麼有那麼多jineteras——也就是妓女？」

「因為他們沒有尊嚴。」米露吉亞氣憤地說：「他們想要不勞而獲，但在古巴你必須付出勞力。誠實的人會靠工作賺錢，而不是靠——對不起我必須這麼說——賣屁股。我父母是鄉下人，他們以前真的很窮。有時候我們甚至得用樹皮煮湯來喝。我今天擁有的一切，都是靠努力換來的。我上完中學後就去上大學。我是工程師，我蓋房子，我最驕傲的成就是哈瓦那市立醫院，裡面有一層樓都是我蓋的，斐代爾還親自恭喜我。這在其他加勒比海國家可能發生嗎？那些人到今天還在吃樹皮。而我們親愛的小鴿子，就讓他活到兩百歲！沒有了他，我們的國家一定會被弄成妓院。」

民宿主人：一起兜風也要錢

當我在馬坦薩斯（Matamzas），位於馬坦薩斯灣的觀光勝地吃早餐的時候，一個穿著暴露的年輕女孩來到我住的民宿。她看起來十七歲，是被我的紅色車牌吸引進來的。她開始說，她有一個生病的奶奶，我一定得載她去探望她奶奶。我想要幫忙，甚至已經開始穿鞋子。

我的民宿主人卻阻止了我。「她會叫你四處繞，直到你們之間發生一些什麼。」他後來解釋：「不管你們之間有沒有發生什麼，她都會叫你付錢。一起兜風也要錢，這裡很多人都試圖靠這種方法賺錢。」

從外國人身上榨錢這件事，古巴人是從他們的領袖那裡學的。多年以來，斐代爾都靠俄國盧布過活。蘇聯解體後，他找到另一個金主：委內瑞拉（Wenezuela／Venezuela）的總統烏戈．查維茲（Hugo Chavez）。

卡斯楚的德國傳記作者弗爾克．斯基爾卡（Volker Skierka）曾經寫過一個小故事：「斐代爾．卡斯楚的名字第一次出現在白宮的文件上，是在一九四〇年。當時，這個在聖地亞哥－德古巴的耶穌會學校讀書的十二歲少年，寫了一封三頁的信給富蘭克林．D．羅斯福，恭喜他再度當選。在他狂妄的簽名上方，他還寫了一個私人的請求：『如果方便，請寄一張十元美鈔給我，因為我從來沒看過這樣的鈔票，而我想要有一張。』卡斯楚沒有收到總統本人的回覆，只收到一封美國國務院的感謝信函，裡面沒有十元鈔票。那個時候沒有人會想到，這個少年長大後，會沒收美國在古巴的所有一切。」

「他也沒收了古巴人所有的一切。這就是為什麼古巴人竭盡所能『沒收』觀光客的一切。這是他們的歷史正義。」一家旅遊公司的地陪導遊笑著說。

工人：我想把老婆換掉

荷西．門多薩（Jose Mendoza），一個英俊的混血兒，舒服地坐在後座，像個小汽車大王。他在從馬坦薩斯到聖克拉拉（Santa Clara）的公路上——也就是所謂的國家高速公路（Autopista Nacional）——搭上我們的車。我們的小車以幾乎時速一百公里的速度在公路上奔馳，在這個時段顯得特別長的棕梠樹樹影從我們窗外飛過。好幾次，我們經過遼闊的甘蔗田，看到巨型的蘇聯ZIL卡車載著工人去工作。荷西看到朋友們就高聲大叫，驕傲無比地揮手，告訴大家：他今天不和他們一起坐車，而是搭我們的車。

「這是我第一次坐這種車，裡面還有讓空氣變冷的機器。」感覺到空調吹出的冷氣，荷西微笑著說。「平常我們的卡車擠得就像沙丁魚罐頭。我在費爾南多德鐸斯農工中心（Fernando de Dios Agro-Industrial Complex）工作，那是一塊很大的甘蔗田。每天早上，卡車會到各個村子去載工人，如果卡車沒壞的話，我們就會在八點上工。」

「這是份好工作嗎？」

「很辛苦。甘蔗是用開山刀砍的，每天我必須砍甘蔗十個小時，只休息一下子，而且是在最熱的時候。」

「你賺多少錢？」

「一個月十塊美金。」

「夠用嗎？」

「我老婆也工作。而我還會做些泥水工，貼補家用。在非採收季節，我甚至可以讓我的月薪翻個兩三倍。三十美金已經很多了，對吧？在這裡，每個人都得兼差。我弟弟會在公路旁賣乳酪，我的大舅子則會把公司車子的汽油拿去賣。我阿姨養雞，然後拿到奧爾金（Holguín）的市集去賣。我老婆幫人寫信給政府機關，而我岳父幫人剪頭髮。」

「你會想要改變自己的人生嗎？」

「我想要把老婆換掉，因為我已經厭倦她了。還有工作。我想要多接一些泥水工，少花點時間在甘蔗田。但我沒什麼好抱怨的，我的人生很不賴，關於甘蔗田我也沒什麼好抱怨的。老婆和情人，我都是在那裡認識的。我是先認識我老婆，她是我們那裡的會計。最近我認識了尤安娜（Joanna／Juana），她也是砍甘蔗的。斐代爾八十歲生日時，我們一起做大字報。哈瓦那的同志來我們這裡講甘蔗生產對於革命持續的意義時，也是我們一起去奧爾金（Holguín）接他。今天我們會在奧爾金見面，這是我們第一次約會。」

「你對斐代爾的健康狀況有何看法？」

「願他活到一百五十歲！」荷西興奮地說，但是過了一會兒他沉默了。

「怎麼了？」我問。

「沒什麼……你知道，我很難從家裡溜出來到城市去。而我剛好在想——」說到這裡，荷西淘氣地笑了。「如果他死了，那我們一定又得一起做大字報。」

莎莎舞大師：我為斐代爾搽指甲

手鐲、串珠、貝殼和絲巾，人工捲髮和自然捲混在一起，大大的耳環和長長的指甲。安娜（Anna／Ana），傑出的莎莎舞舞者和老師，是我這輩子遇過最繽紛多彩的人。她一動也不動地坐著，伸直了腳，手臂微微彎向旁邊。坐在她身邊的則是她的丈夫和舞伴：奧斯華多（Oswaldo）。

兩個小時前，他們站在路旁咒罵。他們從巴拉德羅回來，才剛在那裡的一家飯店跳完舞。為了感謝我們載他們一程，他們邀請我們去喝莫吉托酒（Mojito），並且看他們跳舞。

手提收音機發出響亮的聲音，房間裡於是充滿了第一段樂音。一開始是鼓聲，接著是小喇叭，沒多久，遠景俱樂部（Buena Vista Social Club）的伊布拉印．飛列（Ibrahim Ferrer）——我們的東道主似乎認識他本人——就開始歌唱一段艱難、但是值得奉獻一切的愛情。奧斯華多往前一步，安娜往後退，搖搖頭，表示不同意。他於是退卻地往後一步，那時候，她就往前一步。如此這般重複幾次，這段舞蹈是在表現愛人之間的爭鬥：他們之間最大的難題，就是兩個人都在不同的時候想要。音樂的氣氛愈來愈熱絡，舞者也是。最後他們熱烈擁抱，舞蹈達到高潮，觀眾拍手叫好——我指的觀眾，是他們兩人的兒子和女友、女兒和她的孩子，以及一些觀光客。

那是一場給安娜舞蹈學院的潛在學員觀賞的演出。一堂課的學費是十披索，時間是一個小時。所有的一切都在一個小房間裡發生，白天的時候它是莎莎舞學院，晚上則變成公寓，裡面有熱水壺、電話和老舊的冰箱。在牆上和櫃子上擺著傳統的古巴娃娃，穿得像是嘉年華會上的女孩。

「我天生就有音樂細胞。」安娜說：「我外公在戰前是知名的爵士樂手和藝人，他的拿手絕活是打鼓，他曾到整個美國和歐洲巡迴。」

「妳父母呢？」

「我外婆生了八個孩子，我媽媽只生了我。她是一個成功的歌手。一家很棒的唱片公司

Fania Records一口氣就和她簽了十張唱片的合約，免得她跑到競爭對手那裡。我們住在郊區的一棟高雅房子裡。我媽媽和爸爸離婚了，她是個很獨立的女性，人生很豐富充實。而我，當我愈來愈年長，我就愈無法接受現實……」

「妳是指？」

「不平等。我無法接受有人有好幾十億，有人卻什麼都沒有。也無法接受我下課後可以吃冰淇淋，卻有幾千個孩子無法上學。然後，革命來了。母親絕望無比，那是她人生的盡頭。和有錢商人的盛宴和舞會——所有的一切都結束了。我的感覺正好相反。即使當斐代爾拿走我們的房子和所有的傢俱，我也認為他做的是對的。」

「妳真的這麼認為？」

「當然，我們是唯一一個所有人都平等的國家。」

「但是很窮。」

「貧窮無所不在，而平等只在我們這裡才有。革命是我除了莎莎舞以外的最愛。我為了斐代爾跳舞，我為他在頭髮上別漂亮的花，我為他搽指甲油。你看，我最長的指甲上塗著國旗的顏色。」

「妳出國表演過嗎？」

「我直到滿六十歲才為了宣傳遠景俱樂部的唱片到國外跳舞。那是很令人難忘的經驗：坐飛機、到高級旅館去、和許多音樂家見面。我們在倫敦、維也納和蘇黎世跳舞。遠景俱樂部的樂手都是我們的好朋友，是他們讓我們能去這一趟。布拉印・飛列以前常常來我們家，一待就是好幾個小時。他如果和太太吵架，會帶著一瓶蘭姆酒來，自己喝掉，然後在這裡睡一晚。可惜，後來他賺了很多錢，在哈瓦那郊區買了一棟大房子，就假裝不認識我們。不久前他過世了。」

「錢會改變人。」奧斯華多補充。「我們賺得不多也不少——剛好足夠生活。我們繳很多錢給國家——光是開公司的許可證，就要幾百披索。我們沒有錢換一間比較大的公寓，這個小房間只有十二平方公尺。還在不久之前，我們五個人一起擠在這裡。幸運的是孩子們已經搬出去住。還好他們都自立了，我們不必給他們錢。」

「我生了六個孩子，都是這匹種馬逼我的。」安娜笑著指指丈夫。「每一次，我生完兩個星期後就開始跳舞。跳舞是我全部的生命。跳舞和革命。」

德國商人：我會賣任何東西給他們

在有殖民者寶石之稱的謝戈德阿維拉（Ciego de Avila）附近的道路上，在一堆馬車之間，一輛越野車用千斤頂架了起來。它也掛著紅色車牌，就像我們的一樣。車子的主人是六十歲上下的德國人米亥伊（Michael），他正在和一個破掉的輪胎纏鬥，租車中心沒有給他備用輪胎。我們讓他坐上我們的車，看看能不能找到賣輪胎的店。

米亥伊假扮成另一種身分。表面上他是來此度假的觀光客。實際上他是個商人，來這裡尋找有門路的人脈。

「古巴是沒有人探索過的新天地。」他解釋：「分析家說，卡斯楚死後，也許古巴的社會主義會改變，會開放一些自由市場。四分之一的資本主義。似乎，那些年輕的部長和軍官給了勞爾．卡斯楚很大的壓力。這些人沒有參加過革命，革命的精神對他們而言很陌生。他們想要賺大錢，過更好的生活。」

「所以呢？」

「如果古巴向世界開放，你可以賣任何東西給他們。這裡缺衣服、車子、家具、食物。不管你帶什麼進來都會賣。內褲？會賣。罐頭食品？會賣。椅子？會賣。泰迪熊？也會賣。

他們落後了世界五十年！這才叫作生意啊！」

「那你在這裡做什麼？」

「我在找可以代表我公司的人。我蒐集這些人的聯絡方式：在黑市換錢的人、旅館的包打聽、賣雪茄的人，諸如此類。我的同事也曾經這樣在波蘭找門路，我和他們去過那裡幾次。」

「在波蘭?!」

「當然！整體來說，古巴讓我想起波蘭人民共和國後期。同樣的官商勾結，同樣的在船來品店和普通商店前排隊的民眾。同樣充滿不確定，但是希望未來更好。而且，街上也到處都是飛雅特126（Fiat 126）。你們知道，他們偏好你們的『小車』，而不是那些老爺車嗎？因為比較省油，而且找得到零件。」

「那麼你最大的困難是什麼？」

「最難的是打入情報機構。如果古巴的體制改變，這些單位會在背後操控一切。沒有他們，你無法在這裡投資做生意。我每天都打電話給我太太，告訴她我在尋找那些黃金小夥子。我希望他們會監聽這天殺的電話，然後自己來找我。」

我們沒有管道確認米亥伊的話是否屬實。不管我們信不信他，我們幫他一起把在輪胎行修好的輪胎裝上，然後和他道別，回巴拉德羅去。我們在古巴開了大概兩個星期的車。當我們到達機場，《格拉瑪報》（*Granma*）——古巴版本的《人民法庭報》（*Trybuna Ludu*）——刊登了一張卡斯楚穿睡衣的照片，旁邊寫著：他的健康狀況愈來愈有起色了。[3]

斐代爾死後一年

麥當勞和古巴政府已經簽好合約——斐代爾死後一年，第一家麥當勞會在哈瓦那開張。它會開在大教堂廣場，就在老城中心。最受歡迎的商品會是麥克革命漢堡，上面會有一個用番茄醬畫成的紅星。

哈瓦那的民眾，就說著這樣的八卦。

譯注

1 斐代爾．卡斯楚雖然在二〇〇六年就因病入院，但直到二〇一六年才過世。二〇〇六年，一直擔任副手的勞爾．卡斯楚通過權力移交接管了國務委員會主席的職責，二〇一一年正式接替其兄，成為古巴最高領導人。

2 富爾亨西奧·巴蒂斯塔自一九四〇年到一九四四年擔任古巴總統，之後在一九五二年又透過軍事政變當上總統。他的獨裁統治引起許多人的反感，一九五九年卡斯楚領導的游擊隊發動古巴革命，將巴蒂斯塔驅逐出境。

3《格拉瑪報》是古巴共產黨的官方報，也是古巴第一大報。《人民法庭報》則是波蘭共產時期波蘭統一工人黨（PZPR）的官方報，是當時波蘭發行量最大的幾份報紙之一。

二　自由

對熊來說，自由造成的衝擊如此強烈，不能讓牠們從籠子裡出來後，就直接進入森林。得給牠們幾天的時間適應。

自由是新的挑戰。

新的聲音。

新的氣味。

新的食物。

自由是一場巨大的冒險。

月臺女爵

倫敦市中心，維多利亞車站（Dworzec Victoria／Victoria Station）。午夜，車站被無處可去的人占領：街友、失業者、浪子、無賴、墮落者。在候車室的椅子上，有個很特殊的三人組：喝醉酒的龐克、衣著體面的男士、還有推著推車（就像街友推的那種）的老女人。老女人平靜地準備晚餐。男人們坐在她兩側，就像圍著母雞的小雞。

「妳是我們的車站奶奶！」龐克對女人大叫：「妳是我們的車站奶奶！」

女人停下切麵包的動作。「臭小子，我不是什麼奶奶！我才五十五歲！」她用波蘭文喊。「給我好好記住，我是月臺女爵（Lady Peron）！」

但是男孩不理她。他搖搖晃晃地站起來，想要親吻奶奶。女人狠狠打了他一個耳光。

「好奶奶。」他高興地說：「就像真正的奶奶。該疼你的時候就疼，該揍人的時候也不會手軟。」

「滾開，你這臭小子，酒鬼！我沒力氣跟你耗！」女人大吼：「這些人要把我活活逼死！我要去跳河！而您，請幫我買一顆檸檬，還有半公斤糖。」轉過頭，她心平氣和地對衣著體面的男士說。

女爵的領土

很久，很久以前，女爵住在小鎮帕比亞尼采（Pabianice）附近的一間老農舍。關於大車站和外國的首都，她只在報紙上看過。她會把報上有趣的文章和圖片剪下來留念。人們那時候叫她阿麗思（Alicja／Alice），就像她身分證上的名字。

她直到今天都還留著這些剪報。比如安傑伊・雷佩爾（Andrzej Lepper）[1]和教宗若望保祿二世（Jan Paweł II／Jan Paul II）的會面。或是倫敦的公車被恐怖分子的炸彈炸毀。她剪這些報紙的時候當然沒有想到，不久之後這些公車會把她從夢中吵醒，還有她自己會被指控是恐怖分子。

她剪下關於雷佩爾的新聞時還住在鄉下。她總是來不及走到流動販賣車，每次她好不容易抵達時，東西已經賣光了。

關於公車的新聞是她在科盧什基（Koluszki）的火車剪的。那時候她連想都沒想過，事情竟然會進行得那麼順利。

今天她的領土是一塊兩百公尺長、一百公尺寬的長方形。兩公頃。「那裡是維多利亞，這裡是科區（Kołcz／Coach）和格陵萊（Grinlaj／Green Line），從波蘭來的客運就是開到這裡。」[2]她手一揮，指出這些東西的位置所在，彷彿在告訴別人哪些地方長了哪種穀物。

維多利亞是大型火車站，科區（巴士）和格陵萊（綠線）則是客運總站。這五個月來，女爵就是這個地方的主人。她無家可歸，所以車站之間的長方形就是她的家。她沒有冰箱，所以車站的超市就是她的冰箱。她沒有錢，但是她會徵稅。

科盧什基車站的女爵

「您怎麼來到這裡的？」我問。

「貧窮逼我流落街頭。」女爵解釋：「我在波蘭雖然有農舍，但是有和沒有差不多。木板條腐爛了，屋椽也被風吹斷了，所有的一切都要更換。我和鎮公所求助，他們說：『我們什麼都不能做。』我每個月有五百波蘭幣傷殘津貼，足夠生活，然而我每天都在自己家裡受凍。當我發現自己有可能會冷死，我就收拾了一兩個包袱，來到車站。」

「什麼車站？」

「火車站。」

「然後您就坐火車來到倫敦？」我驚訝地說。

「沒那麼快。」女爵大笑。「我先在彼得庫夫特雷布納爾斯基（Piotrków Trybunalski）的車站睡了一陣子，然後再來到科盧什基。我在那裡也受凍，因為車站沒有暖氣。但是在波蘭情況沒那麼糟，因為我可以睡在候車室。不像在這裡，只能睡在長椅或人行道上。我在波蘭不喜歡的只有，車站會有喝工業酒精的老乞丐，而且他們臭得要命，會隨處大小便、抽菸、製造髒亂。這都是一些墮落到社會底層的人。如果你要喝酒的話，至少該喝葡萄酒或伏特加，有文化的人就是這麼做的。」

女爵對文化有著神經質的堅持。雖然在維多利亞車站不管是老人或年輕人，都用「你」來稱呼彼此，但是她不允許別人叫她「你」。尊重是一定要的！[3]

「但是從科盧什基您就直接到了倫敦？」我依然不明白。

「不，我先去了史特拉斯堡（Strasburg／Strasbourg）。哪一個史特拉斯堡？跟我來吧，因為他們要關門了。」

確實，已經凌晨一點，站務人員要關閉客運車站了。阿麗思小姐乖乖地把地上的麵包屑撿起來，而一個波蘭人給他的波德拉謝省肝醬（pasztet podlaski），則小心地用錫箔紙包住。「和這些穿黃外套的人不能討價還價。」她解釋，慢慢地站起來。「我因為他們而吃了多少苦、流了多少淚啊！因為他們，我被送進醫院兩次。我要把這件事告訴全英國。他們猛力拉扯我、把我趕出去。甚至我跌倒了，他們都要把我趕走。而我是個殘障，完全無法工作的殘障！」

我幫阿麗思小姐推推車，我們慢慢來到街上。

「我們去那裡，我現在就睡在那扇門外。」她給我看車站五十公尺外的一棟政府建築物。「一開始我睡在等公車的亭子，但是那裡有風。我的背和腰都在痛，因為睡在水泥地上冷到了。」

史特拉斯堡的正義

「六公頃又幾公畝的地，這很多，對不對？」女爵想確認。

阿麗思母親的鄰居們，就從她手中搶走了那麼多地。「爸爸離開我們了。」她解釋：「如果他和我們住在一起，就不會發生這種事了。當一個家沒有男人，就沒有人可以保護它。媽媽的殘疾比我還嚴重。她把腳放在一張小凳子上，就這樣坐著，無法起來。我以前會照顧她。我年輕的時候，可以做的事比較多。當我老了，就什麼都做不了。媽媽幾年前過世了。」

阿麗思說，母親過世後，鄰居們開始強占她的地和農舍，並且想要把阿麗思送去收容所。「我對自己說：門都沒有！」女爵激動地說：「我在報上讀到，史特拉斯堡會幫人主持正義，它會幫助那些被波蘭政府欺騙的人。於是我就買了票，去到史特拉斯堡。」4

「怎麼去的？」

「就那樣去啊。我買了票，然後坐客運去。我想，也許他們會在那裡給我一間公寓。我想要住在那裡，畢竟那裡很溫暖。然後，我想要控告那些人奪走我的地。」

「您不怕嗎？」

「我怕得要命啊！我最遠只到過羅茲，還有年輕時去帕比亞尼采工作，給手套縫內襯。那很辛苦，因為要一直站著。當我開始領傷殘津貼，就根本沒離開過我的小村莊了。那是個鳥不生蛋的地方！但是那時候我害怕到處跑，因為當你第一次去某個地方，你是最害怕的。我就想：到底要去還是不要去？如果我在那裡遇不到波蘭人，我就沒辦法和任何人溝通啊！而情況真的是如此。我哭得像個嬰兒般無助。街上站著一個女孩，和她男朋友。女孩牽著我的手，帶我到那座大法院。那邊有個人站在門前，對我說：『您來這裡幹什麼！人們不會到這裡按鈴申告，而是寫信！』」

「村裡的人呢？他們說了什麼？」

「當我說我要去史特拉斯堡告他們，他們哈哈大笑，覺得我瘋了。他們說，我在那邊什麼都辦不成。他們是對的，因為我確實什麼也沒辦成。」

「那跑這一趟值得嗎？」

「值得。因為我瞭解到這一切有多麼簡單。到哪裡，各地的人都會幫助我，讓我搭車，問我需要什麼。於是我想，應該是這樣的吧：不管到什麼地方，大家都會幫助瘸子。有一次我站在火車站外，一個路過的男人給了我兩歐元。我只是把手伸出來，人們就開始給我錢！我於是想著，有一天一定要回去那裡。」

過了幾個月，女爵沒有回到史特拉斯堡，反而去了倫敦。

「人家告訴我，這裡的波蘭人多得不得了——甚至比英國人還多。我遇到許多好心人，他們幫了我很多忙。一個人幫我付了旅館的錢，一晚三十，他付了兩晚，我到今天還留著收據做紀念呢。另一個人給了我毛毯和枕頭。有時候會有一個醫生來，和我聊聊天，帶點食物給我。天啊，我真高興能遇見他們！一開始我很害怕，怕我只會和乞丐、酒鬼、邊緣人為伍。『奶奶！』他們叫：『給我們一兩英磅，讓我們去買蘋果酒吧。』我還要給你們錢？讓你們拿錢去買酒，然後跌得東倒西歪？喔，你們想得美！」

「戴德」就是死的意思

我們花了十五分鐘才走到門前。最難克服的是人行道的邊緣，它太高了。月臺女爵用很小的步伐走著，每一步都讓她疼痛難耐。她從小就熟悉這種疼痛。「我什麼都不能做：站著、抬東西，我馬上就會跌倒——」她解釋：「而且腳會很痛。我生下來就是這樣，一出生就是個殘障。我的一條腿比另一條腿短了三公分，骨盆還是歪的。我父母在我小學二年級時才帶我去看醫生。如果是剛出生的嬰兒，立刻就可以矯正。但是二年級才去——骨頭都長硬了。」

我們終於抵達目的地。女爵緊張地從一個角落走到另一個角落。她必須找到一個風比較小的凹陷處。最後她找到了——就在大門前。只是沒多久，一個年輕的黑人女保全就過來要把我們趕走。「她是街友。」我解釋。

「如果你們不離開，我就得叫警察。」女孩說，雖然很明顯的，她自己也覺得這句話很蠢。她想要拿個三明治或一杯熱茶來給女爵，但是讓女爵睡在門口，門都沒有。

「我——是——殘——障。」女爵解釋。無效。「我要去自殺，我會去跳河，或是撞車！」

還是一點用都沒有。女保全消失了。女爵佩服地看著我。「您的英文說得真好，很溜。

但是對我來說，什麼都不懂更好。有時候人們就放棄了：反正他們怎麼解釋，奶奶也聽不懂。就讓她睡吧，如果她一定要的話。」

「您一點英文都不會說嗎？」我問。

「我會說幾個字，但是不多。我說：普利斯，渦特哈特（Pliz, łoter hot／Please, water hot）。意思是：請給我熱水。普利斯，渦特扣得（Pliz, łoter kold／Please, water cold）：請給我冷水。古德摸您（Gud morning／Good morning），古德諾依特（Gud nojt／Good night）。喔，還有古德拜（Gud baj）。如果有人要把我趕走，我就說：戴德（Ded／Dead）。『戴德』就是死的意思。我會死在倫敦，是你們把我整死的。如果你們不准我要這一點點錢，我就會餓死。」

如果我是健康的……

月臺女爵坐在行李箱上，把推車放在旁邊，地上則放了一張紙，上面寫著：「我是街友、瘸子。請幫助我。謝謝。」是用英文寫的，火車站的波蘭人幫了忙。女爵不喜歡乞討。再說，這是乞討嗎？這只是請求別人的幫助。「我不會去找人要錢，因為我覺得丟臉。我就坐在這裡，如果有人想給我錢，那就是他們自願的。而警察對我又拉又扯，把我的牌子拿走，因為他們說：不能在這裡要錢，這不合法！」

「有一次我氣得半死。因為在火車站有幾個男的，穿著外套，拿著像是用來裝鯡魚的黃色桶子，也在要錢。他們好像是發生了什麼不幸的事。我問警察：『為什麼他們要錢就合法，而我要錢就犯法？』」

「警察還是把我趕走了。但是我跑去找其中一個拿著桶子的人，大剌剌地說：『先生，請給我曼尼（many／money）。』他毫無反應！於是我又說了一次：『給咪曼尼（giw mi many／give me money），我很窮。』這好像就有效了，他給了我一英磅。」

「要錢最好的地方是在地鐵的入口。可惜，那邊趕人也趕得最兇。那裡的人出手可大方了。」女爵開始夢想：「我半個小時就要到了二十磅。那裡走過去的有黑人，也有黃種人。如果我可以在那裡站好幾個小時，就有一百磅了！」

英國人怕炸彈

我們來到對街，那裡有個火車站的逃生出口。女爵還沒在這裡睡過，但是為何不試試看呢？「只希望他們不要一大早就把我叫醒。我喜歡睡懶覺，到九點、十點再起床。」

酒吧附近有個睡覺的好地方，但有時候會有個男人睡在那裡。「在他旁邊睡覺我會怕。因為男人嘛，搞不好他們馬上就會想到性。」女爵解釋。

但是火車站的出口也不賴——風吹不到。我幫女爵把推車搬上樓梯，然後她馬上就把隨身物品打開。

「我買的推車不賴吧？」她想起來，說，「我之前會用車站拿來載行李的推車推我的箱子，你投一塊錢，就可以和車站租，然後把東西推來推去。」

「這就是為什麼他們說妳是恐怖分子？」

「不，那是後來，當我拿了第二輛推車。警察看到刀子，就把我帶到警察局。那是我用來塗奶油的刀。他們拘留我六個小時，以為我是恐怖分子。他們被推車嚇到了，以為我有炸彈，以為我會把推車放著，自己走掉，然後炸彈就會爆炸。他們怕死炸彈了！」阿麗思小姐大笑。「如果不是那個會重複別人的話的人，也就是翻譯，他們搞不好會把我關好幾年。」

女爵拉起被子，一直蓋到鼻子。

或是去馬約卡島？

隔天，我和女爵約在科區（巴士總站）。女爵從行李箱裡翻出自己最珍貴的寶物：去史特拉斯堡的車票、旅館的收據（一晚三十磅，還附早餐）、醫生的照片、帕比亞尼采農舍的照片、還有幾張剪報。她從兒時就開始蒐集剪報。「我會蒐集關於淹水的剪報，還有哪裡誰結婚了、誰出生了，做為紀念，這樣我就可以知道這些事曾經發生過。」

在剪報中，最重要的就是關於史特拉斯堡的新聞，還有一則《帕比亞尼采生活》關於阿麗思小姐的報導。女爵不喜歡這則報導，因為記者嘲笑她到史特拉斯堡的遠征。

「但您會認真嚴肅地寫關於我的事吧？」女爵問。

「我會認真嚴肅地寫。」我保證。

「您會寫，雖然我一出生就是個瘸子，但我遊歷了世界？」

「我會寫。」

「也許我留個地址，如果有人想寄錢給我，我就可以收到？」

但是留下女爵的地址是件難事。她在倫敦時住在街上，而在波蘭只會待個幾天。「有四個月的傷殘津貼等著我去領。我會一次領兩千，這樣我就有錢去義大利了，或是去馬約卡島，它就在西班牙旁邊。最近我在想：我既然都孤孤單單、無家可歸了，至少要去溫暖一點的地方。」

女爵戴上墨鏡。但她不是戴在眼睛上，而是戴在頭髮上。「時尚美女就是這樣戴眼鏡的。」她解釋：「我不是時尚美女，但是要拍照，就得上相。」

我拍了幾張照片。

然後女爵請我幫她一個忙。她想要我去維多利亞幫她買一大包薯條，還有兩瓶鳳梨可樂達。「微醺飲料。」她微笑著說。

薯條要去特定的炸物店買，因為那裡的薯條很軟，而女爵幾乎已經沒有牙齒了。我在半小時後回來，女爵看起來彷彿在這段期間定格了，不管是她的表情還是肢體動作，都沒有改變一分一毫。看來，她是這種定格藝術的大師。聽到我回來，她於是醒了過來。

「您和我解釋解釋吧，為什麼他們不想給我公寓？」女爵問，然後自己做出了回答：「因為國家很貪心。如果它有很多東西，它還會想要更多。他們要拿這麼多錢來做什麼？他們一直覺得錢太少。他們已經有了歐洲，現在他們想要全世界。有錢人不知道什麼是貧窮，而我一出生就不知道什麼是富裕。」

女爵很快沉默了。她微微一笑，挽起我的手。

「但是您老實說吧。世界上有這麼多健康的人，他們看到的世界，還不比一個來自帕比亞尼采的女瘸子多啊。」

譯注

1 安傑伊・雷佩爾，波蘭政治人物，波蘭共和國自衛黨（Samoobrona Rzeczpospolitej Polskiej／Self-Defence of the Republic of Poland）領袖，曾出任波蘭副總理。

2 女爵不懂英文，應該只記這些名詞的音，不知其意義。因此，作者也把這些英文字音譯成波蘭文，表現出陌生感，中譯予以保留。

3 在波蘭文中，陌生人之間會用「您」(pan／pani）來稱呼彼此，這是一種區分親疏的敬稱，和中文用來尊稱的「您」不太一樣。

4 許多歐盟的重要機構駐在史特拉斯堡，如歐洲委員會、歐洲人權法院、歐盟反貪局、歐洲議會等，女爵指的正義應該是指歐洲人權法院。

三　談判

交回熊的事必須很早就開始準備。要把事情談攏，得花上好幾個月的時間。你得和熊主人坐下來談，一次，兩次，三次。和他們建立交情，互相信賴。如果沒有互信，沒有人會把熊交出來，他們寧可把牠殺掉。

走私客沒有嗶嗶聲

我坐在一輛車齡六年的福斯Passat裡。雖然只是乘客，但我的心快要從喉嚨裡跳出來了。我菸一根接一根地抽，緊張地東張西望，寄出最後幾封簡訊。

幾天前，我認識了馬瑞克（化名），他和我同年，來自一個在烏克蘭邊境上的波蘭小村莊。我們一起喝了伏特加，然後馬瑞克說，他用不完全合法的手段把車子運過國界。因為在烏克蘭買西歐的二手車要付很多錢，通常超過車子本身的價值。而他有辦法運送這些車子，但不用付關稅，或是可以付最少的關稅。他是怎麼辦到的？他會在路上告訴我，因為他也許會帶我去。

「你想去嗎，編輯先生？」馬瑞克問我。

「我想。」

現在我嚐到苦頭了。

馬瑞克在談話結束兩天後來找我，現在，我們兩個就坐在這輛福斯Passat裡，這是他朋友花了幾千歐元從瑞士買來的。我們來到國界，放眼望去可以看到：海關官員、邊防警衛、旗幟（波蘭的和歐盟的）、一座橋、橋下的布格河（Bug）、還有一個柵欄。過了柵欄，就沒有回頭的餘地了，我們逐步接近。

清潔婦：掌權的知道甜頭在哪

當我們在邊境的橋上等待，布魯塞爾的外交官也正在想辦法，要讓邊境更往後退。簡單地說，他們希望鼓勵烏克蘭進行改革，最後加入歐盟。或至少，和歐盟保持永久連結。

我們這時還不知道，不久之後，維克多・亞努科維奇總統（Wiktor Janukowycz／Viktor Yanukovych）會給歐盟吃閉門羹，而烏克蘭人會發起為期好幾個星期支持歐盟的抗爭，這場事件將造成幾十名抗爭者喪生，並且迫使亞努科維奇逃離烏克蘭。[1]

我們也還不知道，不久之後弗拉迪米爾・普亭（Władimir Putin／Vladimir Putin）會從烏克蘭手中奪走克里米亞半島。

但那些和我交談的烏克蘭人明白一件事（甚至可說是太清楚了）：他們加入歐盟的道路，不會是一條康莊大道。

「我們永遠都不會加入歐盟的。」司機亞歷山大（Aleksander／Alexander）說。他的廂型車載滿一群在波蘭做完季節性工作的人，這些人先是在波蘭採草莓，接著採覆盆子和番茄，最後採蘋果和李子。「採收季結束了，這些人於是就回來了。」亞歷山大說：「有些人還會留下來採蘑菇拿去賣，但能賺的錢不多。而歐盟呢？首先，也是最重要的一點是：普亭不會讓我們走。對他來說，烏克蘭就是俄羅斯的一部分，沒什麼好討論，他永遠不會把我們交給西方。」他說完後，那些在波蘭辛苦工作的烏克蘭人點頭附和。「再說，頓巴斯（Donbas／Donbass），也就是烏克蘭東部，很樂意加入俄羅斯。那邊的人說俄語，而且到今天都還在怨嘆蘇聯時代結束了。他們說，那是個美好的國家，每個人都有工作。但在蘇聯時期，在三〇年代，史達林把一千萬烏克蘭人活活餓死的事，這些人卻不在乎！」[2]

「我的曾祖母就是在大饑荒的時候死的。」一個戴著鴨舌帽的老人點著頭說。「我叫亞歷山大・霍杜金（Aleksander Chodukin／Alexander Khodukin），我以前在文化中心當司爐工，現在退休了。我媽說，在三〇年代，大家為了活下去，不只會吃土，還會吃人。母親把孩子悶死，這樣他們就不會受苦。那是個可怕的年代。俄羅斯從來沒有為此道歉，而現在他們則威脅，如果我們和歐盟簽約，就要讓我們再次餓死做為懲罰。他們要關閉國界，讓我們無法做買賣，而且還要把瓦斯的價錢漲個兩三倍。」

神父：歐盟是撒旦

歐列格・阿札蘭科夫（Oleg Azarenkow／Oleg Azarenkov）神父有著花白的鬍子，頭髮綁成一個小馬尾，穿一件過時的土耳其毛衣。他開一輛老舊的拉達汽車，說到加入歐盟，他早有定見。「光想就令我害怕。」

十七年來，神父在小村碧瓦（Bila／Bila）的木造教堂中服事，離俄羅斯邊境不遠。有一半的時間，他都在和人爭吵不休。

「十年前，那群橘色的無賴上了臺，命令我和非拉雷特那些人共用教堂。」他抱怨：「上帝啊，上帝，這些人簡直要把我活活氣死！」

「非拉雷特那些人」指的是基輔東正教會的信徒。基輔東正教會是莫斯科東正教會的死對頭，他們的領袖是非拉雷特大主教（Patriarcha Filaret）。

「橘色的人」指的是因為橘色革命（Pomarańczowa Rewolucja／Orange Revolution）而獲得政權的政治人物。但為什麼莫斯科東正教會的歐列格神父會叫他們無賴呢？

「維多，您不知道他們做了什麼！他們說，我和非拉雷特那些人會輪流在教堂裡布道。我說，門都沒有，因為我不承認他們的神父，對我來說，他只是個普通俗人。然後他們就來了，把鎖弄壞，換了新鏈子，之後好幾年我連自己教堂的鑰匙都沒有！幸好，亞努科維奇當總統之後，那些人比較安分了，至少有把鑰匙給我。而歐盟？歐盟不會帶給我們什麼好東西。」

「可是神父，幾個星期前，烏克蘭所有的宗教領袖都在支持烏克蘭加入歐盟的信上簽了名。」我說：「非拉雷特簽了名，你們的大主教也簽了名。」

「維多，我和您說件事。」歐列格神父瞇起眼說：「大主教必須有點像個政治人物，所以他會說各種話、簽各種文件。但是我們這些普涌神父，一年前我們在基輔開了會，討論關於歐盟的事。有一位女士從法國來，對我們說了許多好聽的話。她說會給我們很多錢，讓我們整修教堂，還會給我們補助。她給我們看了許多法國、比利時和波蘭的投影片。我們聽著聽著，直到其中一個老神父站起來說：『也許在你們那邊，教堂又新又漂亮，屋頂上有銅，地板上還有大理石。在我們這裡，教堂是用夾板做的，地基也搖搖欲墜。但是我們的教堂裡擠滿了人，而你們的教堂則空空蕩蕩。』他說完後，所有人都拍手叫好。因為事實確實是如此。西方已經忘了神的存在，看看你們波蘭人就知道。自從你們加入歐盟，你們的人民愈來愈有錢，過了國界就可以看到四處鋪滿人行道磚。但是人一旦有了錢，就會忘了神，只會一直動歪腦筋，想著要怎麼樣才能變得更有錢。如果有人忘了神，他馬上就會開始忘記其他人。很不幸，這在你們波蘭很明顯啊。兩年前我和我的小媽（matuszka／little mother）開車經過波蘭去德國……」

「什麼？和誰？」

「和我太太。我們開著開著，車子在路上拋錨。我們站在路邊招手，招了兩個小時都沒有人停下來。沒有人想要幫忙，雖然我穿著神父的衣服，還戴著十字架。大家只是用手指著我們，彷彿我們是什麼奇人異事。最後，一對烏克蘭夫妻看到我們有麻煩，才停下來幫助我們。」

「這在任何地方都有可能發生⋯⋯」

「維多，還不只如此。我最害怕的是，歐盟會開始用性攻擊我們，命令我們更改法律，保護那些變態！人們將可以光溜溜地在基輔跑來跑去，就像伊甸園裡的亞當和伊娃。男人可以親吻男人。聖經有說，這些事將招來毀滅。維多，您知道波察耶夫拉伏拉（Lawra Poczajowska／Pochayiv Lavra），西烏克蘭最神聖的地方嗎？您知道被惡魔附身的人會去那裡？您可知道，最近有一個男人讀了你們歐盟的手冊，就被惡魔附身了？他被帶到波察耶夫拉伏拉，而他對那裡的神父吐口水。那男人體內的惡魔說，他才剛動身前往烏克蘭，已經在路上了。這裡的政治人物正在給他準備馬車。維多啊，所有的邪惡都是從西方來的。」

走私客：我們的官員只收大筆的賄賂

等待的隊伍緩慢前進，每隔幾分鐘，我們會移動個八到十公尺。這已經持續了一小時，而且至少會再持續一小時。

馬瑞克身上穿著皮外套、高領衫和一條品質不錯的牛仔褲。此外，他還穿著一件迪賽（Diesel）襯衫，戴著有品味的手錶，擦了迪奧（Dior）古龍水，整個人散發著老練世故的味道。他看起來就像個小滑頭，但也像個已經有野心想在更大的世界闖一闖的人。

「在國界上，所有的一切都很重要，即使是衣著。」他向我解釋：「每個烏克蘭海關官員都是業餘的心理學家。你看起來太有錢——他們會要你多付一些賄賂，因為你的生意做得太大了。你看起來太窮——他們理都不會理你。我們必須小心，不讓自己偏向任何一邊。這裡的每個人都認識彼此。之前我有個朋友賺了不少錢，買了臺最新的奧迪，烏克蘭的海關就不讓他把車子運過去。這不是錢的問題，而是原則問題。」

「你的意思是？」

「那些人知道，他們在自己那個有點悲慘又不太悲慘的地獄中，永遠沒辦法賺得像我們那麼多。我們有時會私下去找他們烤肉，一起喝伏特加。他們的生活過得不算太糟。但他們說，為了在烏克蘭海關裡有一個位置，你必須拿出兩萬美金當作見面禮。之後每個月賺的都要給上司分紅。做了三年又要再繳一次兩萬美金，不然就會被踢出去。所以他們會和每個人收錢。他們和帶兩條菸的奶奶拿兩塊錢，和帶汽油的老頭拿五塊。因為他們必須以最快的速度，把交出去的兩萬美金賺回來。」

「你確定嗎？」

「嗯，我從沒親眼看過他們這麼做。」馬瑞克皺了皺眉頭，說：「我只是重複他們對我說的話。」

「那波蘭海關呢？他們也會收錢嗎？」

「他們不會從我們手上拿。對他們來說，我們只是做小本生意的人。如果他們要收錢，那一定是大筆的生意，比如運送一整臺貨櫃車的香菸。再說，他們只是讓車子離開波蘭，這沒什麼問題，所有的文件都正確又合法。」

「真的？」

「我看起來像是前南斯拉夫的偷車賊嗎？」馬瑞克忿忿地說：「匯率還算不錯，我們可以運送那些合法購得的車子。這臺車我是在瑞士買的，花不到五千歐。我會用它再賺兩千歐。但是我會分給這些人一半的錢。現在他們在國界上拿到錢，越過了國界，警察也會得到錢。月底我會去找他們喝伏特加，再留給他們一些錢。在扣除這一切之後，我口袋裡還有兩萬波蘭幣可以自己用。編輯先生，你一個月賺多少錢？你剛剛說多少?!你知道嗎？我的司機賺得比你還多。我可以三不五時派個工作給你，讓你賺點外快。你想要嗎？」

丈夫：我不想工作

葉芙赫妮亞．車娜科（Jewhienia Czerniak／Yevheniya Cherniak）幫波蘭人打掃床底、洗碗、燙衣服，用波蘭肉和馬鈴薯做飯。她每隔幾個月會回到位於小村莊沃里尼亞（Wołyń／Volhynia）的家。現在她和一個朋友一起去烏克蘭，因為朋友要去醫院探望母親。我們的福斯Passat和他們的飛雅特Ducato已經通過波蘭邊界，現在正等著要進入烏克蘭。

葉芙赫妮亞有幾撮白髮，臉上也有皺紋，但她看起來一點都不像六十歲。「歐盟？我很喜歡這個主意。」她夢想著：「最重要的是，到時我就可以用波蘭簽證去柏林看我女兒。波蘭已經是個徹頭徹尾的歐洲國家了，這改變是我親眼所見，我到波蘭工作已經十二年了。我們就拿衣服來說吧，我還記得，以前波蘭人身上穿的就和蘇聯時代沒兩樣，他們隨便往身上套個什麼，然後就出門了。而現在呢？女人看起來就像是從時尚雜誌中走出來的，甚至男人也開始注意打扮。現在我在浴室打掃的時候，會看到愈來愈多專門為男士設計的化妝品。」

「以前，我去柏林探望女兒時，往街上一看，馬上可以認出誰是波蘭人。你看衣著就知道，誰是我們的一分子，誰是從東邊來的。現在，如果不聽他們說話，我還真認不出來。你們現在外表漂亮了，吃得也好。在每一家『瓢蟲』超市，都可以買到用真正的橄欖做的橄欖油，還有義大利乳酪，還有帕瑪火腿。每個烏克蘭人都會到波蘭去買東西，因為雖然我們這裡有全歐洲最好的土地，卻都休耕了。您自己說說，維多，這有意義嗎？烏克蘭可以成為歐洲的糧食倉，我們肥沃的黑土甚至可以用湯匙挖起來吃，在全世界你都找不到這樣的土地。然後呢？土地休耕了。大家只知道看著國外，想在國外賺錢，或巴望可以得到免費的東西，他們從共產時代就習慣如此。我丈夫一點都不符合歐盟的標準。他從來沒見過面霜，不管我寄什麼給他——他都拿去換酒錢。我對他說：集體農場解散後，我們得到一點五公頃的地，你就算只拿一小塊都好，在上面種些胡蘿蔔、小黃瓜和番茄，自己養些小雞，這樣至少可以養活自己。」

「那他怎麼說？」

「他說不要！因為他不想工作。可惜，我們整個國家就像是我們的婚姻。人民不然就像我一樣在國外辛苦工作，不然就是待在自己的村莊，拿棍子去敲樹，希望梨子會掉下來。我成天祈禱歐盟到來。就讓荷蘭人、德國人、還有波蘭人都來到烏克蘭，耕作我們的土地。這樣我們又會有農場了，只是這一次不是屬於集體，而是屬於私人。」

值班主任：你們可以走了

我們的福斯 Passat 後方緊跟著一輛蘇聯時代的扎波羅熱老爺車，它已經老到可以進汽車博物館了。這輛車噴出團團黑煙，車上則坐著一對老夫妻，老爺爺戴著上面有一根小「天線」的貝雷帽，老奶奶則包著頭巾。「他們是做小生意的人。」馬瑞克做了個鬼臉，說：「他們車上帶著兩圈香腸、整箱的優格，當然，還帶了一油箱的汽油，他們在輪拱之處一定還有別的油箱。他們跑這一趟可以賺三十塊波蘭幣，不多，但拿來補貼養老金足夠了。」

在我們前方，則是一臺車齡十幾年的福斯 Golf，車主是個剃光頭的青年。「喔，那是我朋友。沃瓦（Wowa），你帶了什麼？」馬瑞克笑著問光頭。

「干你什麼事？」沃瓦反問，他有著東部口音。

「他也是做小生意的。」馬瑞克對我眨了眨眼。「這些人都是賣香腸或乳酪的小滑頭。兩臺車裡面，就有一臺有藏東西的祕密空間，在車門、車頂、地板。他們帶香菸進波蘭，然後回烏克蘭時帶吃的，因為在他們那裡所有的東西都比較貴，品質也比較差。」

我們又往前開了十公尺。不遠處，已經可以看到烏克蘭黃藍相間的國旗。終於，我們接近目的地了。

「現在要開始行動了，編輯先生，好好看著。」馬瑞克說，然後他咧嘴一笑，用烏克蘭語對海關官員喊：「你好！」（Dobroho dnia）然後塞了什麼東西到他手裡。

「那是賄賂嗎？」我問。

「不——是，只是一點小禮物。」

我發現，這只是一連串「送禮」行動的開端。馬瑞克認識所有的邊境守衛和海關官員，甚至連值班主任也來到我們面前，和馬瑞克擊掌打招呼。

「這位是？」主任指著我問。

「我朋友，他在見習。」馬瑞克笑著說。

「主任們都是老油條。」他之後告訴我：「他們不會親自收賄，反正有的是手下幫他們收。如果出了事——有時這會發生——比如說，基輔的督察來視察，那頂罪的就是下面的人。」

確實，值班主任走了之後，海關官員就開始光明正大地收賄，不怎麼在意旁人的眼光。加起來，馬瑞克總共給了他們兩疊厚厚的鈔票。「我可以給他們每個人一張五十歐元紙鈔，但是這裡有一個巧妙的心理遊戲。」他說：「如果他們拿到幾張鈔票，會覺得自己得到很多，如果只拿到一張，就沒那麼高興。」

「如果車子本身沒問題，你為什麼要給他們錢？」

「把車子開進烏克蘭，只是雕蟲小技。但他們應該要把我的車登記在系統中——我開車進入烏克蘭，照理說也應該開車離開。如果我離境時沒有車，電腦應該發出警示的嗶嗶聲。既然我沒有車，我應該向他們出示賣車或報廢的證明。否則他們不能讓我離開。」

「那他們會讓你離開嗎？」

「等我們回來的時候，你就知道電腦會不會嗶嗶叫了。」

客戶：布魯塞爾會讓我們捲鋪蓋走路

過了邊境以後，我們又往前開了十幾公里，來到一個森林裡的旅店，旁邊有一座小湖。我們的客戶已經到了，他的名字是阿洛沙（Alosza／Alyosha），穿著高雅的襯衫、戴著很貴的名牌手錶，開一臺銀色的凌志汽車。他的司機坐上我們的福斯Passat，然後把它開走。

「他會一直開到敖德賽（Odessa）。」阿洛沙從皮夾掏出錢，用蹩腳的波蘭語說。「好啦，小夥子們，請見諒，但我無法陪你們。再過一小時下一輛車就會開過來，到另一個邊境。我還有八十公里的路要趕，失陪了。」

「去吧，阿洛沙，去吧。下次我們見面的時候，也許你們已經在歐盟了。」馬瑞克戲謔地說。

「讓歐盟他媽的見鬼去吧。」阿洛沙露出不高興的表情：「如果有一天它真的不幸來臨，關稅就會一樣了，那時候我們兩個都得捲鋪蓋走路！」他坐上車，發動了凌志的引擎。

「也許他會捲鋪蓋，但我不會。」馬瑞克微微一笑。

我們吃完午飯，和馬瑞克的朋友安哲依（Andrzej）一起回波蘭，他是特地來接我們的。「布爾多米熱（Budomierz）那邊有個新的邊境檢查站，幾年前我在附近買了一塊地。」馬瑞克說：「那塊地有一點五公頃，離公路不遠。也許我會在那裡開一家商店，或是餐廳，或是超市。不管有沒有歐盟，在邊境，你總是賺得到錢。」

我們在接近傍晚時分跨過邊境。我們把護照交給海關，我的一顆心再次跳到喉嚨，菸一根接一根地抽。

但是年輕的女海關眼睛眨也不眨，就放我們通行。沒有任何東西發出嗶嗶聲。

退休老太太：希望我在歐盟來之前死掉

華倫婷娜．卡蓮妮科娃（Walentyna Kalennikowa／Valentina Kalennikova）站在梅地卡（Medyka）邊境檢查站出口旁的一個小市集那裡，在一家披薩店和停車場中間。她用一隻顫抖的手拿著兩包最便宜的「派拉蒙」（Paramount）香菸，另一手則拿著一瓶伏特加（商標上有根美味的小麥），正在尋找顧客。

「我看客戶的眼光很準。」卡蓮妮科娃說：「我已經快八十歲了，沒辦法像年輕女孩一樣這麼快跑到車子旁。但是我不知怎地，感覺得出來誰會買，然後就會去站在那裡。再說，年輕的女孩們知道老奶奶站一整天很吃力，所以會禮讓我。為了感謝她們，我會為她們禱告，還會為她們在教堂點蠟燭。」

卡蓮妮科娃可以合法帶兩條香菸和一瓶伏特加到波蘭。她每包菸賣四塊波蘭幣，伏特加賣十塊。她就用這種方式賺到她的第一筆三十烏克蘭幣（十烏克蘭幣是四塊波蘭幣）。她的第二筆三十烏克蘭幣，則是在回烏克蘭的時候賺到的。她會在離邊境不遠的超市上買一些香腸和乳酪，然後帶到烏克蘭去賣。

如果有人載家電（比如洗衣機）到烏克蘭，卡蓮妮科娃光是坐上車，就可以再多賺幾塊烏克蘭幣。因為每個人只能帶一臺家電，於是那些載了好幾臺家電的司機，就得找乘客上車。卡蓮妮科娃目前為止到底帶了多少臺洗衣機到烏克蘭？只有天知道。

卡蓮妮科娃聽說歐盟要解除邊界，這一方面來說是好事，因為這樣她就不必排一小時以上的隊才能通關，無論晴雨或平日假日。她也不用站在那些充滿警戒心的海關官員面前，擔心他們那些花了幾百萬歐元買來的機器，會不會顯示她帶了太多香菸或伏特加。

但另一方面——如果香菸漲價怎麼辦？在波蘭，香菸的價格已經漲了好幾倍，令人心驚。「再這樣下去，我就得給自己挖墳墓了。」卡蓮妮科娃說，然後哭了起來。

「奶奶，別哭。」年輕的女孩們對她說：「即使我們加入歐盟，那時候您也不在人世了，該擔心的是我們這些年輕人啊。」

她們說得沒錯。華倫婷娜・卡蓮妮科娃於是把頭上的頭巾綁緊，然後跑去找下一個買「派拉蒙」香菸的客戶。

譯注

1 烏克蘭原本要和歐盟簽署政治和自由貿易協議，但亞努科維奇後來中止簽署，轉而親近俄羅斯。這個決定引發了民怨，以及為期一個半月的烏克蘭親歐盟示威運動（Euromajdan／Euromaidan）。

2 這邊指的是一九三二年至一九三三年的烏克蘭大饑荒（Holodomor）。據估計，大約有兩百四十萬至七百五十萬烏克蘭人死於此一事件。雖然烏克蘭大饑荒有自然因素，但主要是人為災難，源於史達林農場集體化的一些不當政策，但也有許多烏克蘭人認為這是針對烏克蘭民族的種族滅絕。

四 歷史

保加利亞的吉普賽人說：母熊比較好訓練，因為牠們攻擊性沒那麼強，而且不會攻擊人。波蘭的吉普賽人則認為，訓練母熊是一件有失尊嚴的事。他們覺得，母熊就該生小熊，這樣馴熊師才會有源源不絕的熊可以訓練。

水泥蘑菇的末日

首先，你要在碉堡四周堆一些舊輪胎，然後點火。或者，你也可以放一袋含有大量鉀的肥料進去。如此，你就有了一顆土製炸彈，可以把碉堡炸開。

「水泥裂開後，我們會用錘子敲它，這樣就可以拿到裡面的鋼筋。」來自阿爾巴尼亞中部城市培拉特（Berati／Berat）的建築工人德雍尼（Djoni）說。「有時，你可以從一座碉堡敲出兩噸的鋼筋，在回收站，一公斤鋼筋的價位是十五分歐元，這樣總共可以賺三百塊歐元！但有時你必須絞盡腦汁，花五天的時間弄東弄西，才能讓水泥爆裂。而大部分的錢最後還是進了老闆的口袋，我拆一個碉堡也才不過賺二、三十歐元。」

但是德雍尼不抱怨。這幾年，阿爾巴尼亞的建築業正經歷驚人的成長，鋼筋的價位也迅速攀升。義大利和希臘（幾十萬名來自阿爾巴尼亞的移工在那裡工作）的金融危機並沒有阻止這項成長，雖然專家們警告，這方面的迅速成長其實是被義大利黑手黨哄擡出來的。他們在阿爾巴尼亞蓋沒有人需要的高樓大廈——某些大樓有超過一半的公寓無人居住——他們就用這種方法來洗錢。

「我們這裡感覺不到金融危機。」德雍尼說。「首相自豪地說，在整個歐洲，除了阿爾巴尼亞，就只有波蘭沒有經濟衰退。」

德雍尼幾年前也在希臘的比雷埃夫斯（Pireus／Piraeus）工作。但他已經受夠了和當地的海關官員玩捉迷藏——他們定期會逮補在希臘打黑工的阿爾巴尼亞勞工。「我已經沒那個體力和他們玩了。」德雍尼說：「在這裡我賺得少，但花得也少，加加減減，和在希臘差不多。」

白天，德雍尼去工地蓋新社區，晚上，他則去拆碉堡。他就用賺來的錢，把自己的公寓蓋完，讓孩子去讀好學校。

在整個阿爾巴尼亞，散布著數十萬個碉堡，從和蒙特內哥羅交界的北方城市斯庫臺

（Szkodra／Shkodër），一直延伸到離希臘不遠的南方城市科尼斯波爾（Konispol）。「在共產時代，我在這樣的碉堡裡進行軍事訓練。」德雍尼回憶：「我們學習如何在遭到攻擊時尋求掩護。這是我人生的一部分，但我一點都不為這些碉堡感到可惜。它們是邪惡時代的象徵，現在應該要消失。」

2.

捷嘉（Giergj）的碉堡整個都漆成綠色，而在前門有一個引人注意的標語：「碉堡酒吧」（Bunker Bar）。雖然碉堡所在的聖金（Shengjin）沙灘不是最美麗的沙灘之一，但捷嘉依然對它信心十足。「也許我們沒有很多沙子，但是我們有水泥蘑菇，這是我們的霍查（Hodża／Hoxha）叔叔留給我們的。全世界的人都會來這裡看它們！」

捷嘉邀我進入裡面，讓我從碉堡正對著義大利方向的射擊孔往外看。他也給我看藏在深處的金屬棒。「我以前用它來修理喝醉酒不想付帳的客人，現在我則用它來對付想要把我的碉堡炸毀的人。我經營這間酒吧已經十二年了，我不會允許任何人碰它，就算只是一根小指頭。」

確實，阿爾巴尼亞的碉堡是獨步全球的現象。雖然這個國家的面積不到兩萬九千平方公里，人口也只有三百萬，共產黨卻在這裡蓋了七十五萬個碉堡。

「在共產時代，所有關於碉堡的一切，都是最高機密。到了民主時代，他們把文件弄丟了，現在沒有人算得出碉堡的總數。」政治學者伊娜．伊茲哈拉（Ina Izhara）說。就像許多年輕人一樣，她一半時間待在阿爾巴尼亞，另一半時間則待在義大利。「幾年前我們加入了北約組織（NATO），盟軍的司令想要我們提供碉堡的位置所在地圖。大家都覺得很驚慌，因為我們沒有任何地圖。有人說過碉堡總共有七十五萬個，之後大家就不斷引用這個數字。」

碉堡矗立在城市，在中庭和房子附近，在墳墓，在兒童遊戲場。它們在山頂，有些甚至一半浸在海中。農民在耕作時，必須遠遠繞過它們。你只要從首都地拉那（Tirana）坐火車到不遠處的海濱城市都拉斯（Durrës），就可以在沿途看到數十個碉堡。

艾爾頓．紹棋（Elton Caushi），地拉那的導遊，規劃了一條「最有趣的碉堡」路線。「比如說，有些碉堡在阿波羅尼亞（Apollonia），在古希臘的遺跡之間。」他說：「觀光客愛死了。」

為什麼要蓋這些碉堡？原因是：從一九四四年到一九八五年統治阿爾巴尼亞的恩維爾．霍查（Enver Hodża／Enver Hoxha），很怕別人來攻擊阿爾巴尼亞。「他有被害妄想症。」伊娜．

伊茲哈拉說：「他覺得每個人都想要攻打阿爾巴尼亞。二戰後，他立刻和南斯拉夫結盟，沒多久，他就和南斯拉夫的領袖狄托元帥（Josip Broz Tito）吵架了，然後改和蘇聯結盟。這段關係維持了十幾年，當去史達林主義的時代來臨，他又不太滿意這段關係了，於是他和中國結盟——當他發現四周都是敵人，於是決定武裝全國，大肆興建碉堡。」

碉堡反映出阿爾巴尼亞人深層的恐懼。許多個世紀以來，阿爾巴尼亞被多個民族侵略、占領，其中包括：古希臘人、羅馬人、保加利亞人、威尼斯人、土耳其人、義大利人、奧地利人、德國人、塞爾維亞人——然後最後則是現代的希臘人。

伊娜．伊茲哈拉說：「這些碉堡是為我們蓋的，為了嚇唬我們、訓練我們。現在這聽來雖然很荒謬，但是我父母那一代——他們今天都七十多歲了——真的相信，全世界都會來攻打我們。」

「在這裡，政治宣導的手段就和在北韓一樣。政府告訴我們，美國人、俄羅斯人、希臘人早上醒來想的第一件事，就是怎麼攻打阿爾巴尼亞。」紹棋補充：「我們與外界斷絕了一切的聯繫。我叔叔在牢裡蹲了二十年，只因為他看了南斯拉夫電視臺上的一部電影。他和他的好朋友說這件事，然後那個人就去舉發他。大部分人都聽地拉那電臺的官方消息，不會把頭伸出去往外看。」

人們的居住空間很小，十二個人共享五十平方公尺，因為所有的工程師都去為軍隊工作，而所有的水泥都被用來建造碉堡，雖然，它們從未發揮過任何軍事作用。

「我們最常使用它的方法，是用來『轉大人』。」伊娜．伊茲哈拉大笑著說：「不久前，我朋友在薩蘭達（Saranda／Sarandë）度假，他在迪斯可認識了一個女孩，然後，他們就在碉堡中渡過一夜春宵。結果呢？他怨聲載道。那邊冷得要死，最後還踩到大便。」

3.

霍查是在一九八五年死的。他死前一個月，蘇聯的戈巴契夫（Michaił Gorbaczow／Mikhail Gorbachev）已經上臺，改變的風開始吹向所有的共產國家，除了阿爾巴尼亞。直到一九九〇年，霍查的接班人拉米茲．阿利雅（Ramiz Alia）還在對阿爾巴尼亞人說，在改變之後，波蘭人的生活變糟了。但是阿爾巴尼亞人已經不吃他那一套了。政局動盪不安，直到一九九二年阿利雅的接班人把政權交給薩利．貝里沙（Sali Berisha）——他之前是地拉那大學醫學院政黨部門的領導人，比任何人都早嗅到改變的氣息。貝里沙後來成了總統，今天是阿爾巴尼亞的總理。[1]

多年來，沒有人去動霍查的碉堡。「直到一九九九年，塞爾維亞人開始轟炸科索沃（Kosowo／Kosovo）——」紹棋指出：「阿爾巴尼亞也被波及。突然，大家發現，這些原本用來抵抗原子彈的碉堡，竟然不堪一擊，像是黏土一樣裂成碎片！許多人都驚呆了。」

那時候，碉堡就開始了它們的第二段、非軍事用途的生命。人們失去了對碉堡的尊敬。在鄉村，農民把牛羊和豬養在裡面，而在城市裡，不久前，它們還被用來當作冰箱的代替品。今天，阿爾巴尼亞有錢了，家家戶戶幾乎都有冰箱，所以大家開始往碉堡裡扔垃圾。

首都地拉那的情況就不同。在共產時代，布洛庫（Blokku）社區是有守衛站崗的封閉地區，那裡住的都是高官政要——霍查、他的部長和同志們。每棟大樓都有地下的水泥防空洞。「今天，布洛庫是地拉那最大的開趴中心。」法律學生卡麥莉亞（Kamelja）笑著說：「在以前的防空洞中，有幾家真的很棒的酒吧和迪斯可。」

艾里安・史德法（Elien Stefa），一個年輕的阿爾巴尼亞建築師，用碉堡做了畢業製作。他在碉堡中看到了迷你旅店，甚至是……酒窖。「如果有人用碉堡蓋一個青年旅店，那我真的會很開心。」他說：「我們做了視覺設計，每個人看了都說讚，只是還沒人有勇氣跨出第一步。」

艾爾頓・紹棋：「如果能在碉堡住一晚，要我的觀光客花多少錢，他們都願意。」

4.

在地拉那市中心還有另一個碉堡——那是一座巨型金字塔，是霍查死後不久，他的弟媳帕拉凡薇拉（Pranvera）為他蓋的。那本來應該是霍查的紀念堂，學校孩童、軍隊和公司行號來朝聖的所在。今天，金字塔裡空空蕩蕩，外面布滿塗鴉。當地最勇敢的滑板玩家，會從它陡峭的牆面滑下。「這金字塔就在我去上班的路上。」捷嘉・奈德蘭森（Gjergj Ndrecën）說，他曾在霍查恐怖統治期間，因為「散布敵方的政治宣導」坐了七年牢。「我只不過是發了幾張反政府的傳單。」奈德蘭森說。今天，他在一個基金會工作，協助生活上有困難的前政治犯。「當我經過這個醜斃了的龐然大物，我總會氣得血脈賁張。我們這裡曾有過地獄，但是沒有人為它付出代價。」

這是事實。共產黨在阿爾巴尼亞殺了幾萬人，把幾千人送去勞改營，但是這些人到今天都還沒有被清算。拉米茲・阿利雅死於二〇一一年，活到八十六歲。其中有幾個人去坐了牢，但罪名是濫用職權和汙錢，而不是體制造成的迫害。在生命走到盡頭時，這位前任獨裁者在一場BBC的訪談中承認：在共產時代，並不是所有的死刑判決都是公平的，他為此感到遺憾。

但涅奇米葉・霍查（Nedżmije Hodża／Nexhmije Hoxha），霍查九十三歲的遺孀，對此則有不同看法。不久前她上了阿爾巴尼亞一個受歡迎的節目，主持人是有波蘭血統的美國政治學家，雅努什・布蓋斯基（Janusz Bugajski）。在一個半小時的訪談中，她看起來一點都沒有良心不安。「我毫不後悔。」她說：「我們的國家很窮，有很多敵人。這一切行動都是必要的。」

「我們該拿這金字塔怎麼辦？」我問捷嘉・奈德蘭森。

「就和那些碉堡一樣！往裡面放一些肥料、輪胎，然後燒個一乾二淨。把碉堡炸毀，是我們在精神上脫離共產的第一步。如果我們一直住在這個由共產黨創造的環境，霍查的幽靈就會繼續統治我們。」

辦得到嗎？「一定可以的，只要鋼筋的價格依然居高不下。」奈德蘭森苦澀地說。「尤其是，除了平民，現在軍隊也加入了行動。」

5.

當來自培拉特的建築工人德雍尼還在用土法煉鋼的方式炸毀碉堡，阿爾巴尼亞的軍隊則有計畫地執行這項任務。「他們有氣動鑽！」德雍尼甚至佩服地吹起口哨。「他們用坦克、迫擊炮轟炸碉堡，一天可以拆掉十個碉堡。那是三千歐元啊！我真好奇，他們要怎麼用這筆錢⋯⋯」

我試圖從阿爾巴尼亞的國防部取得消息，但我的問題卡在部門之間，不知去向。阿爾巴尼亞的記者們還發現了比較多的事實：他們在離塞曼（Seman）不遠的觀光天堂那裡，找到了用來毀滅碉堡的坦克。

「我們必須這麼做，因為這些碉堡泡在海水裡，會造成漩渦，有遊客淹死。」一位不願具名的軍官說：「今天，觀光客對我們的國家來說十分重要。」

私人建築公司也會幫忙軍隊。其中一家公司的老闆，巴斯尼克・拉斯庫（Besnik Lasku）年輕的時候在軍隊服役，也曾建造過這些碉堡。

「我都快哭出來了。」他承認：「碉堡是我人生的一部分。我無法想像它們有一天會消失不見。我感覺很奇怪，我們是為了資本主義者而拆掉它們，然後他們會在留下的空地上，蓋名貴的旅館和餐廳。」

譯注——

1　本書寫作時，貝里沙還是總理，但他已於二〇一三年卸任。

五　本能

我們坐在觀察站看著牠們，隨機應變。我們能允許多少攻擊行為？牠們已經越界了嗎？還是我們可以再給牠們一點時間，讓牠們冷靜下來？

和占領者喝茶

「嗨，朋友，你可以弄到一些黃色炸藥嗎？你的城市有很多礦坑，我們會像愛爾蘭共和軍（IRA）一樣進攻——目標是火車站或機場。請私訊。格利高里（Grigorij）。」

十六歲的沙夏（Sasza／Sasha）在塔林（Tallin／Tallinn）的騷亂後，在Skype上收到這則訊息。他在維基百科上查詢什麼是愛爾蘭共和軍，而且很喜歡他讀到的訊息。「Priwet[1]，格里沙。我會想辦法幫忙。」他回了訊息，然後跑去找在礦坑工作的朋友。

銅兵和往莫斯科的火車

二〇〇七年四月的最後幾天，塔林的銅兵（Brązowy Żółnierz／Bronze Soldier of Talinn），也就是紅軍戰勝法西斯主義的象徵，從市中心被遷往城市的邊陲。[2]愛沙尼亞的俄羅斯人把這項行動當成一種羞辱。塔林陷入一片騷亂。幾百扇窗戶被打破，也發生了流血衝突。一名俄羅斯青年喪生，幾十個人受傷。幾千個不良少年（其中包括俄羅斯人和愛沙尼亞人）走上街，破壞、搶劫商店。全世界都看到十六歲少年掠奪Hugo Boss店面的照片。

幾天後，我遇到我的朋友揚（Jaan）。「這些可惡的俄羅斯人。」他氣憤地說。揚在波蘭住了半輩子，但是愛沙尼亞發生的一切依然讓他覺得切身相關。「他媽的第五縱隊！背叛者！占領者！」

「占領者？」我驚訝地問。

「沒錯！他們之中半數的人是跟著軍隊來的。為的是監視我們，讓愛沙尼亞不要反抗。」

「背叛者？」

「他們每個人都巴望著蘇聯回來。」

「第五縱隊？」

「他們想盡辦法要讓愛沙尼亞成為俄羅斯的一部分。我們政府應該把這些人都送到莫斯科去。愛沙尼亞應該是屬於愛沙尼亞人的。」

我列舉出一些事實。每三個愛沙尼亞的居民中，就有一個是說俄語的。甚至每六個居民之中，就有一人不是愛沙尼亞人。即使如此，愛沙尼亞卻發展得很好，加入了歐盟，而且在前蘇聯國家中，它的經濟崛起也是突飛猛進。

「有哪個第五縱隊可以讓一個國家發展得這麼好？」我問揚。

「去那裡吧，和這些人用茶炊（samowar／samovar）[3]喝幾杯茶。你自己會看到，他們有多麼恨我們。」他打斷了我。

占領者和喀布爾的包心菜

當沙夏在尋找黃色炸藥，葉蓮娜・耶登斯基（Jelena Jedomskihh／Yelena Tedomsky）從她的愛沙尼亞朋友那裡拿到了花園種的花，做為友好的象徵。「我們原本很害怕，他們不會再和我們往來了。」她對丈夫說。

葉蓮娜是治療師，而維克多（Witkor）是占領者。他們住在塔圖（Tartu）附近的一個小村莊——塔圖是愛沙尼亞的文化首都，知識分子聚集的中心。

耶登斯基夫妻的鄰居全都是愛沙尼亞人，但是他們的關係良好。我們一起喝茶，並且思考銅兵事件是否會在這裡造成任何改變。

「愛沙尼亞人真的很與眾不同。」葉蓮娜佩服地說：「在一九一八年以前，他們從來都沒有獨立過。這塊土地曾被德國人、俄羅斯人、瑞典人、丹麥人和波蘭人統治。類似的國族會悄無聲息地消亡。尤其是，他們從來沒有特別去為獨立奮鬥，他們只舉辦愛沙尼亞歌謠的藝術節，這就是他們的戰鬥。」

自從愛沙尼亞獨立，葉蓮娜和維克多就有沒完沒了的問題。一開始他們無法拿到國籍，因為只有在愛沙尼亞第一共和國（一九一八—一九四〇）有國籍的人和他們的孩子，才能拿到護照。葉蓮娜和維克多幾乎一輩子都住在愛沙尼亞，即使如此，政府仍想送他們去俄羅斯。

維克多：「我搞不好真的會去。但是我在那裡沒有任何親人，我的女兒們都嫁給了愛沙尼亞人，而我卻突然發現自己是占領者。」

為什麼？因為維克多是被蘇聯空軍總參謀部送到愛沙尼亞的——他是個飛行員。

「我飛過全球各地——中國、北極、阿富汗。我在阿富汗看過許多骯髒事，戰爭一結束，我立刻就退出蘇聯共產黨（Komunistyczna Partia Związku Radzieckiego／Communist Party of the Soviet Union）。我聽說，長官們花了三小時討論，在這種情況下，是否還能頒發英勇作戰的勳章給我。最後，他們還是給了。」

維克多把這枚勳章別在右胸，別在深藍色的空軍軍官制服上。

「我和愛沙尼亞人並肩作戰。我們用俄語交談，他們的愛沙尼亞語說得並不是很好。然後突然，在一九九一年，我發現他們成了愛沙尼亞公民，而我是占領者。」

葉蓮娜：「我取得愛沙尼亞護照，參加了市議員選舉。至少，我們成功地讓像維克多這樣的人，不必被強制驅離愛沙尼亞。」

今天維克多是俄羅斯的公民，但有愛沙尼亞的三年居留證。「我們很害怕，因為這場騷亂，針對『占領者』的政策會變得更嚴厲。而我們才不是什麼第五縱隊！我們在這裡過得比在俄羅斯好太多了。」

維克多：「在阿富汗的時候，我和朋友去喀布爾（Kabul）的一個市集。那裡有個小販會說一句俄語：『好吃的包心菜，他媽的難吃！』一定是有人教過他，然後他就這樣一直鸚鵡學舌般重複。那些俄羅斯青少年也一樣。有人告訴他們，要去保衛銅兵，於是他們就去保衛了。」

女老師和俄羅斯警察

每個人都勸我們不要去納爾瓦（Narwa／Narva），他們說，那裡有黑手黨、職業殺手、骯髒的空氣和汽車炸彈。除此之外，六成的居民是俄羅斯人，其中有些人依然還沒從塔林的騷亂中冷靜下來。

甚至葉蓮娜和維克多都建議我們最好不要去那裡。

愛沙尼亞的女老師安特・奇絲拉（Aet Kiisla）每天也都會聽到這樣的話。即使如此，她依然接下了納爾瓦大學（它就位在愛沙尼亞和俄羅斯的邊界上）的教職。

二次大戰之前，納爾瓦是一顆珍珠，美麗的巴洛克建築沿著河岸矗立，然而它的黃金歲月卻隨著二戰結束畫下句點。今天，納爾瓦是個灰暗的水泥森林，充滿大量流浪狗和海鷗。市中心的公園荒廢失修，而在城市中央的「友誼之橋」（most przyjaźny／friendship bridge）上則停滿了排隊等待跨越邊境的貨櫃車，以及一群「螞蟻」（mrówki／ants），也就是在邊境兜售的小販。在河的另一邊，則是俄羅斯的城市，伊萬哥羅德（Iwanograd／Ivangorod）。

在納爾瓦，你只聽得到俄羅斯語。這裡百分之九十七的居民都是俄羅斯人，根據調查，六成以上的人完全不會說愛沙尼亞語。

安特工作的學校訓練要去俄語學校工作的教師。「我們主要用俄語上課，但我們會不斷告訴學生：『如果你要在這個國家工作，你必須會說愛沙尼亞語。』雖然在納爾瓦這樣的地方，我們不能太強硬。」

「意思是？」

「國營電視臺只用愛沙尼亞語播報，這是為了讓俄羅斯人有學習動機。但是他們只看俄羅斯電視臺。莫斯科就利用這一點來煽動人民，電視會告訴他們，愛沙尼亞待他們很差，我們無法提供平衡報導。俄羅斯人因為銅兵事件很憤怒，因為我們無法向他們解釋我們的立場！」

幾年前，在愛沙尼亞興起了語言檢查制度。安特說：「政府選了十幾種職業，如果你要做這些工作，就必須懂愛沙尼亞語。如果你不會，就不能當醫生、計程車司機、小販——至少在國營的商店是如此。你也不能在政府機關或學校工作。」

如果語言檢查人員抓到不會說愛沙尼亞語、卻從事這些工作的人——第一次會給予處罰和警告。第二次處罰會更嚴厲。第三次——被抓到的人就會失去從事那項工作的權利。

來自科赫特拉—耶爾韋（Kohtla-Jarve／Kohtla-Järve）的米亥・布格靈（Michaił Bogrym／Mikhail Bogrym）說：「我太太是老師，我們花了一大筆錢去上愛沙尼亞語的課。政府開除了許多醫師和專科醫生，因為他們的愛沙尼亞語說得不夠好。這根本就是歧視！」

但是，目前為止，沒有人有勇氣來管納爾瓦。安特說：「在這裡，你甚至不能用愛沙尼亞語買牛奶。這有時會讓我很氣。為什麼我們這麼在意語言，要為它而戰？因為我們只有一百萬人。雖然有時候，我會利用我住在納爾瓦的這一點。」

「怎麼利用？」

「我常常超速。在愛沙尼亞，超速的罰金很高。但是如果警察抓到我，我就會開始用很快的速度講愛沙尼亞話。在納爾瓦，沒有人的愛沙尼亞話說得那麼流利，所以我就演一場暴怒的戲給他們看。目前為止，我在這裡還沒有繳過罰金。」

媽媽、爸爸和愛沙尼亞人的考試

當沙夏在找黃色炸藥，我則在和阿霞·米哈利臣科（Asja Michaliczenko／Asya Mikailichenko）喝茶。我們坐在約赫維（Johvi／Jõhvi）的一間酒吧，離納爾瓦有五十公里遠。

酒吧的客人分成兩個族群。一半的人有著輪廓明顯的愛沙尼亞臉孔，另一半則有著線條柔和的斯拉夫臉孔。一半的人穿著樸素，另一半的人則穿名牌運動服，戴金牙和珠寶。

阿霞會和媽媽及在約赫維的朋友說俄語，而和在塔圖認識的人——則說愛沙尼亞語。最讓阿霞生氣的是，許多愛沙尼亞人會用她的姓氏來評斷她。她有著俄羅斯姓氏，於是人們認為不能和她做朋友。「有次一個男孩來到我面前，我這輩子從沒看過他。他只對我說，他恨俄羅斯人，然後轉身就走。」

阿霞希望她可以不用去上近代史。許多學生和老師認為世上的邪惡都是蘇聯帶來的（今天沒了蘇聯，就怪俄羅斯）。他們看待阿霞的方式，彷彿是她本人占領了愛沙尼亞。那時候，她真希望可以從地表上消失。「我甚至不是百分之百的俄羅斯人。」她抱怨。

阿霞的媽媽是韃靼人。她在完成學業後，就從頓河畔羅斯托夫（Rostów nad Donem／Rostov-on-Don）來到愛沙尼亞。她是為愛而來的——她的未婚夫在之前被派到這裡的礦坑工作。那時候，半數的居民都靠開採油頁岩過活，礦渣堆離市中心不遠，才不過幾十公尺。

阿霞的媽媽是檢查員，負責視察食品商店。他們過著很好的生活。那時候，愛沙尼亞是所有蘇聯國家中最富有的。每個有能力的人都想要住在這裡。波蘭歷史學家揚・拉凡多斯基（Jan Lewandowski）在他的書《愛沙尼亞》（*Estonia*）中就寫了一個小故事：卡拉卡爾帕克蘇維埃社會主義自治共和國（Karakałpacka Autonomiczna Socjalistyczna Republika Radziecka／

Karakalpak Autonomous Soviet Socialist Republic）的擊劍選手來到這裡，以為這已經是西方了，於是在塔林尋求政治庇護。

曾經，阿霞家裡什麼都不缺，商店的經理三不五時會給他們一籃又一籃的食物。阿霞的父親是礦工——那是這附近最有威望的職業。阿霞的父母一句愛沙尼亞話都不會說。但是，既然所有的鄰居都是俄羅斯人，他們又要怎麼學愛沙尼亞語？

阿霞滿五歲時，父親當上了礦工領班。那是祖父母第一次，也是唯一一次來探望他們。從頓河畔羅斯托夫到約赫維，要坐三天的火車。

一年後，蘇聯解體了，所有的一切都開始分崩離析。新政府不給阿霞的父母國籍，他們必須通過「愛沙尼亞人的考試」。阿霞的媽媽去考了六次，一個愛沙尼亞鄰居看了試題，有一半的問題都答不出來，雖然她從小就說愛沙尼亞語。

媽媽於是去上課。她付了幾百塊歐元，晚上都在拚命念書——但一點用都沒有。在此同時，法律的規定改了，現在不懂愛沙尼亞語，就不能當商店的檢查員。媽媽於是被開除了。商店的經理假裝不認識她。最後，有人發了慈悲，好心讓媽媽以清潔婦的身分在店裡工作。

爸爸的情況也沒有好到哪裡去。以前，所有採到的礦都會賣給蘇聯，一九九一年以後，就沒有人要買了。有一天，爸爸失去了工作。他無所適從。他有時候會喝點酒，有時候看看電視，花愈來愈多的時間一無所思地看著窗外。

十幾個月後，他去了俄羅斯。他說，等他整頓好身心，就會回來。十二年過去了，他毫無音信。

女總裁和無所適從的受刑人

「人們想到俄羅斯人，只會想到很吵的音樂、皮衣和可怕的濃妝。但是我們愛沙尼亞的俄羅斯人和俄羅斯的俄羅斯人很不同。」弗拉迪絲拉娃・瓦許金拿（Władysława Waszkina／Vladislava Vashkina）說。她是一名治療師，也是愛沙尼亞多發性硬化症協會（Stworzarzyszenie Chorych na Stwardnienie Rozsiane／Estonian Multiple Sclerosis Society）的理事長。

讓俄羅斯人融入愛沙尼亞，從一開始就是愛沙尼亞最大的難題。二〇〇五年，塔林的一群學者做出的研究結果令人震驚：遠超過半數的愛沙尼亞人不接受俄羅斯人的生活方式。三分之一的愛沙尼亞人不願與俄羅斯人共事。百分之八十五的愛沙尼亞人沒有親近的俄羅斯朋友。而且，所有這些數據都有成長的趨勢。

其他的研究指出：自從一九九一年開始，愛沙尼亞俄羅斯人的自殺率增加了百分之四十。

在科赫特拉—耶爾韋的自殺率則成長了百分之五十。

我是在愛沙尼亞人魯絲．泰莉（Ruth Tery）那裡和瓦許金拿一起喝茶的。泰莉是前受刑人和街友中心的負責人。她的中心位於一棟建於五〇年代的「史達林屋」（stalinowka／Stalinovka）中，這些房子比後來用水泥板蓋的「赫魯雪夫樓」（chruszczowka／Khrushchovka）堅固，即使如此，房子上的灰泥還是剝落了。也許這棟房子會塌陷——兩百公尺外，就是礦區。

「科赫特拉—耶爾韋是個不可思議的地方。」弗拉迪絲拉娃說：「在這裡，兩萬人沒有愛沙尼亞國籍，五千人有俄羅斯國籍，還有兩萬人完全沒有任何國籍！」

「怎麼可能完全沒有？」

「他們不是沒通過愛沙尼亞人的考試，就是根本沒去，而他們也不想當俄羅斯人。」

「那他們怎麼生活？」

「就像平常人一樣，只是不能投票，還有他們去所有的國家都需要簽證，甚至是俄羅斯。比較糟糕的是這些無國籍者的心理狀態。幾年前我們做了一個關於他們的認同的調查。結果很可怕：他們無法找到自己的歸屬。他們雖然在愛沙尼亞出生，但是愛沙尼亞不想要他們。而他們也不覺得自己屬於俄羅斯。這是很令人震撼的事！」

「為什麼？」

「在蘇聯時代，俄國人在這裡是特權階級。突然，這一切都結束了。他們在幾個月之間就失去威望、工作和國籍，這打擊太嚴重了，很多人都承受不了。」

魯絲說：「除此之外，五個礦坑也在短時間內關閉：科赫特拉（Kohtla）、桑巴（Sompa）、塔密庫（Tammiku）、阿特密（Ahtme）、基維厄利（Kivioli／Kiviõli）。大家根本沒有準備好，必須幫助他們。」

魯絲的中心是用來幫助那些從監獄裡被放出來、卻無處可去的受刑人。

魯絲：「九〇年代中期，有許多在蘇聯時期被關進監獄的人被放了出來。他們的家人都跑到俄羅斯去，他們在這裡舉目無親。現實令他們震驚：他們要面對的是新的國家、新的錢幣、新的商店、貨品和權利。俄羅斯沒有給他們國籍，因為他們是罪犯。愛沙尼亞也沒有給他們——因為他們不懂愛沙尼亞語。如果有人被放出來時已經五十歲，那他要學習新的語言真的很困難。愛沙尼亞語屬於烏拉爾語系，有十四個時態。」

九〇年代中期，也是失業率最高的時候。

弗拉迪絲拉娃：「幸好，這一切有所改善。我們現在有給前礦工的課程，訓練他們成為建築工人、焊接工或是糕餅工人。許多人都找到了工作。」

名貴的吊燈和教授的生日

「如果俄羅斯人覺得他們在這裡過得很糟，就讓他們去俄羅斯。」馬特．派區（Mart Pechter），百分之百的愛沙尼亞人說。

我們坐在一間叫「莫斯科」（Moskva）的酒吧——這是塔林的菁英分子最愛的聚會場所。牆上有名貴的吊燈，天花板裝著水晶鏡，酒吧裡的女服務生則穿著短裙，所有的一切都閃亮浮誇。

馬特是政治學系的學生。就像百分之八十五的愛沙尼亞人，他的交友圈中沒有一個俄羅斯人，而且他也不想認識他們，雖然在他的城市，有半數居民是俄羅斯人。「我有個鄰居。有一次我對他說 tere，也就是愛沙尼亞語的『你好』。他竟然假裝聽不懂。靠北，我們活在獨立的愛沙尼亞，我們該說愛沙尼亞語！」

銅兵？馬特每天去學校的時候都會經過它。每年五月九日的歐戰勝利紀念日[4]，他都會在那裡看到一小群戴著金牙、身上的勳章叮噹響的老爺爺和拿著康乃馨要去獻花的老奶奶。馬特從沒想過要禁止這些手無寸鐵的老古董們慶祝自己的節日，他把他們當成某種民俗。

一切都在一年前改變了——一群右派的鬧事者在退休老兵的活動上抗議。警察把他們抓了起來，這雖然不是什麼大不了的事，但是民眾在媒體上看到的訊息是：愛沙尼亞的警察逮補愛沙尼亞的年輕人，這樣占領者就能在墳墓上獻花。

「所以呢？」

「我也覺得這樣不行。我自己對蘇聯的記憶很模糊，只記得五一勞動的遊行。我很喜歡那個遊行。塔林曾是個灰暗、憂鬱的城市，而遊行很歡樂、繽紛多彩。我也記得波羅的海的人鏈（Bałtycki łańcuch／Baltic Way）：來自立陶宛、拉脫維亞和愛沙尼亞的兩百萬人肩並肩、手牽手，延伸了六百公里，進行和平抗爭。我們還唱了歌，那真是美麗的景象，對孩子來說，那真的很好玩。甚至連俄羅斯人也加入了我們。他們自己也知道，蘇聯爛得像團屎。我記得，我爸爸常常痛罵自己的俄羅斯人上司。他那時候在一個學術單位工作，從副教授以上，幾乎所有人都是俄羅斯人。他們在這裡的生活逍遙無比。爸爸有一次去找他的老闆，安多諾夫（Antonow／Antonov）教授，問自己有沒有可能升遷。教授說：同志，我從來沒在俱樂部看過您，您沒來過我的生日宴會，我根本不認識您！我怎麼知道您值不值得更高的位置？我朋友說，這可能是性格上的差異。他說：俄羅斯人喜歡開趴，和人稱兄道弟，互相拍肩膀，這對他們來說很重要。」

「而我們愛沙尼亞人比較冷漠。即使喝了很多伏特加，我們也不會敞開心胸。和別人說自己的問題，這對我們來說無法想像。」

「但是今天父親則說，他不會去動銅兵。因為那是充滿理想的士兵，不是占領者。占領者和暴發戶是後來才來的。」

「那你呢？你怎麼想？」

「我覺得，有人該去彈一下俄羅斯人的鼻子，讓他們清醒一點。每四個俄羅斯人中，就有一個不會說愛沙尼亞話。一個字都不會。這樣不行！每個人都至少可以學幾句。他們的強國心態很嚴重，覺得學愛沙尼亞話有失尊嚴。有時候你得提醒他們，這裡不是俄羅斯。」

「他們記得。他們之中一半的人沒有護照。」

「他們為什麼要有？他們沒有學愛沙尼亞語，因為他們覺得俄羅斯會回來。他們不相信蘇聯真的解體了。現在他們也知道，俄羅斯永遠會支持他們。要不是隔壁的老大哥，我們老早就和他們打成一片了。」

兩個礦工和喝醉酒的兄弟

科赫特拉—耶爾韋的年輕人晚上有兩個去處可選：阿列克謝酒吧（bar Alex／Alex bar），或是被「史達林屋」環繞的公園。他們寧願選公園——這裡一毛錢都不用付。他們喜歡坐在公園的長椅上，而在長椅後，則是兩個礦工的雕像，它們正驕傲地擡起沉重的十字鎬。這裡的居民叫這些年輕人「niepijuszczy」，也就是「不喝酒的」。這些年輕人從他們所在的高處，年復一年地觀看五一勞動的遊行。從一九九一年開始，在所有的節日上，都飄揚著愛沙尼亞國旗。我就是用國旗，來打開我和這些高中生的對話。

尤莉亞（Julia）：「國旗讓我想到我父母被迫害的事。我爸爸是優秀的外科醫生，他在聖彼得堡完成學業。他沒有學會愛沙尼亞語，於是就被開除了。他們根本沒注意到，他的病患都是俄羅斯人。今天，他是個駕駛教練。」

沙夏（Sasza／Sasha）：「這是我國家的國旗。這個國家有時待我不公平，那是另一回事。」

伊凡（Iwan／Ivan）：「愛沙尼亞人是法西斯主義者。但這也是我們的國家，我們應該要讓他們變得文明。」

「法西斯主義者？」我試圖理解。

伊凡：「沒錯。他們從來沒有對抗過法西斯主義，他們沒有過支持紅軍……」

「因為他們不想加入蘇聯……」

伊凡：「因為他們是法西斯主義者。每年，他們都會在這裡舉辦親衛隊退休老兵的聚會。」

伊凡是這群年輕人之中最激進的，他也是唯一一個參加塔林騷亂的人。其他人則有著不同的煩惱，銅兵不是他們最關切的事。

米夏（Misza／Misha）：「一個月前我拿到了愛沙尼亞護照，最近的考試比較容易。暑假我要去倫敦找我的表親，我會在那裡賺點錢。」

納絲蒂亞（Nastia／Nastya）：「我還沒有護照，我還沒決定好要拿哪一本護照。我在俄羅斯有個大家族，但我對西方也很感興趣。或許我還是會拿俄羅斯護照，我想要當演員，而最好的演員學校在莫斯科。」

薇若妮卡（Weronika／Veronika）：「我也沒有護照，我在等我媽媽拿到護照。我不想和她不同國籍。雖然我在獨立後的愛沙尼亞出生，隨時都可以拿到護照。但是我寧願等。這是我的某種公民不服從。」

我問這些高中生，他們覺得自己比較像是俄羅斯人，還是歐洲人。只有沙夏說，他覺得自己比較像俄羅斯人。

沙夏：「我的叔伯阿姨和祖父母，大家都是俄羅斯人。我的父母來這裡，只是因為工作因素。他們退休之後也想回俄羅斯。」

只有不到百分之十的俄羅斯人，會做出像沙夏這樣的回答。二〇〇五年的調查指出，幾乎百分之七十的愛沙尼亞俄羅斯人認同獨立的愛沙尼亞，雖然，他們之中只有一半的人有愛沙尼亞國籍。

納絲蒂亞：「就算我拿了俄羅斯護照，我也會覺得自己是歐洲人。我們和住在俄羅斯的親戚很不同，他們不是很喜歡我們。他們嫉妒我們在愛沙尼亞可以過好的生活，我奶奶就會叫我：『我的小愛沙尼亞女孩。』」

米夏：「當我去探望住在莫斯科附近的表親時，我明白到，自己和他們不一樣。對我來說，網路、聊天室、Skype是很理所當然的事，他們和我年紀相當，但他們甚至不知道這些玩意兒是什麼。還會問：這是用桶子裝的，還是用湯匙？」

尤莉亞：「有一次，我爸爸住在烏拉山（Ural）後的兩個兄弟來找他。他們一起喝酒。伏特加喝完後，這兩個兄弟就拿起車鑰匙，準備出門去買。我爸爸躺在門檻上，說：『你們如果要去就先踩過我的屍體，你們會撞死人的！』在愛沙尼亞，酒駕是很嚴重的罪。那兩個兄弟看了看我爸爸，說：『你已經不是俄羅斯人了，你已經不是我們的兄弟。』」

黃色炸藥和Hugo Boss的衣服

阿霞．米哈利臣科的媽媽又去報名愛沙尼亞語的課程。第七次，她終於通過了考試。如果一切順利，半年後她就會成為愛沙尼亞人。

塔林的政府認真考慮是否要設置一個俄語的電視臺。

直到今天，你都可以在愛沙尼亞的拍賣網站上，用便宜的價錢買到Hugo Boss的衣服。我的朋友揚已經冷靜下來了。他認為，這次的情緒爆發對所有人來說都是好事。俄羅斯人應該意識到，即使有種種困難，住在愛沙尼亞還是比住在俄羅斯好。愛沙尼亞人則該注意到，他們付出的努力依然太少，才無法讓愛沙尼亞的俄羅斯人把愛沙尼亞當成是自己的家。還有，只有那些受到惡劣對待的俄羅斯人，才有可能成為第五縱隊。

沙夏在找到黃色炸藥之前，打了通電話給弗拉迪絲拉娃．瓦許金拿。他曾經去找她治療，她是他心目中的權威。他問她該怎麼辦。「遠離這件事。」弗拉迪絲拉娃說。她的話起了作用，直到今天，塔林的火車站和機場都還好端端地待在原來的地方。

譯注

1 俄語中的「嗨」。

2 塔林的銅兵是一個蘇聯士兵的雕像，是蘇聯官方在紅軍驅逐德軍、解放塔林三週年後建立的。塔林的銅兵從一九四七年到二〇〇七年矗立於市中心，二〇〇七年被移到塔林的戰爭墓園。

3 茶炊是一種金屬壺，可用來煮濃茶，並加熱、保溫熱水，喝的時候把熱水倒入濃茶中沖淡即可飲用。茶炊在俄羅斯很盛行，在伊朗、喀什米爾和土耳其等地也可看到。

4 納粹德國在五月八日宣布投降，但因為時差，降書在俄羅斯時間的五月九日才生效。

六　冬眠

如果熊已經會冬眠，這表示，牠正往自由的道路邁進。牠不只是活在今天、在當下，而是學會了為更艱難的時刻做準備。

國營農場的哈比人

「是貧窮和失業把我們逼出家門。不然，沒有人會願意扮小丑。」甘道夫說。在科沙林（Koszalin）附近的前國營農場，我遇見了他。

我和盧布林（Lublin）省的村長們一同造訪那些在二十一世紀找到歸屬的村莊。我們已經去過了：世界末日村、迷宮村、童話村、腳踏車村和養生村。村長們來此參訪的目的是，想看看是否能在自己的村莊裡創造出類似的東西。

我們的下一站是斯瓦夫諾舍拉科沃（Sierakowo Sławieńskie），也就是哈比村。「希望他們不會咬我。」一名村長開玩笑地說。

我們把車停在托爾金書中人物的小木屋外。這裡的主要亮點是森林裡的大地遊戲，你可以在那裡親眼看到哈比人。光是在六月，就有三千人造訪哈比村。

我們買了十五塊波蘭幣的門票（價格包含湯和香腸）。甘道夫親自把地圖發給我們，然後我們就往森林前進。

甘道夫沒時間看電視

「八年前，那個科沙林的學者沃茨瓦夫・伊嘉克（Wacław Idziak）來到這裡，說：『我看你們這裡有發展成哈比村的潛能。』我們問：先生，什麼是哈比村？」

「一開始計畫進行得很困難。老太太會聚集在商店門口，說：『這些人哪，把自己的臉塗得花花綠綠，在村子裡晃來晃去，真丟臉。』我說：『郵差每個月會來敲妳們的門，給妳們遞上退休金，而我從他手中接到過的只有帳單。我只想多賺點錢，這有什麼丟臉的？』」

甘道夫有一頭金髮，還不到四十歲。孩子們進入森林時，就是她在村子廣場上負責掌控一切。

「孩子們有時會說：『甘道夫不可能是女的。』我只簡短地回答：『你怎麼知道？你看過他嗎？』這樣就夠了。當然，我只對比較大的孩子這樣說。比較小的孩子，我就叫他們來拉拉我的鬍子，或是嚇唬他們。」

「有時孩子們會拉鬍子，然後問：為什麼我把拖把戴在臉上。或說：『您是變裝的。』我就會說：『你的衣服也是一種變裝。』我不會任人擺布，我這輩子已經經歷過太多苦難了。」

「現在情況比較好，而且終於有工作了。我到下午三點都是甘道夫。之後我會換回原本的衣服，那時我就是瑪格札塔（Malgorzata）小姐。我會很快坐上車，然後和女伴們一起去工作。」

「斯瓦夫諾舍拉科沃？我丈夫被林業委員會派到這裡。二十年前，當我在七月第一次來到這裡，到處都開著金雀花，一片金黃，好漂亮。我以為我們會住在天堂。但是我們十一月搬來時，四周一片灰暗，又冷又陰鬱。金雀花只留下光禿禿的枝幹，我看了好想哭。」

「有十幾年的時間，我都待在家裡。我是洗衣、打掃、煮飯的瑪莉莎。另外，還有帶孩子去醫院。我女兒脾臟和肝臟有問題，每週三天，我必須帶她坐公車到科沙林去做治療。」

「感謝哈比人，我們的村子改變了，我也改變了。以前，我有時間就看電視，那些節目我都可以背出來。現在我已經不記得自己上一次什麼時候看電視，大概是五月吧。」

「以前大家都會問：斯瓦夫諾舍拉科沃在哪？我會回答：在舍努夫鄉（gmina Sianów／Sianów district），就是那個做火柴的地方。今天我只要一說村莊的名字，每個人都會大喊：哈比村！」

「做了四年後，我自己第一次去走了一遍這條路線。當我看到巨怪，就開始逃。直到跑到柏油路上，我才對自己說：笨蛋，妳跑什麼跑呀！巨怪不就是妳朋友嗎！」

高高在上的伊嘉克博士

走過幾百公尺的柏油路，我們來到了村莊的盡頭。這裡有一個小山坡，從山坡上可以把村莊的全景盡收眼底：教堂、幾十棟德國人留下來的房子、學校——雖然這學校隨時可能關閉。

主題村的推廣人沃茨瓦夫．伊嘉克，是在進行舍努夫鄉的改造計畫時，找到這地方的。

「我們會和當地居民一起繪製地區的地圖。我們在尋找吸引人的地方。斯瓦夫諾舍拉科沃的地圖很驚人：森林裡有巨石文化的墓，還有一些巨石陣，我馬上就聯想到托爾金。」

伊嘉克從波茲南大學的波蘭語學系畢業後，先到文化中心工作，之後教了一陣子社會學和哲學。一九八九年，他想要更貼近改變的潮流，於是放棄大學的教職，開始在麵包店工作。「我開發各種新的麵包，然後我開了一間有機食品批發店。最後，我成為科沙林地區發展經紀公司的總裁。那時候我已經開始推廣主題村了，但是人們沒心思想這些。再說，如果你一直高高在上，就很難在基層耕耘。所以我就辭了經紀公司的工作，和我太太來鄉間走踏。」

「我們的第一個嘗試？是在一個叫維哲比納克（Wierzbinek）的地方。我們教導民眾如何尋找文化上的連結。村子的名字來自柳樹（wierzba），柳樹可以讓人聯想到惡魔和蕭邦，歌德也寫過柳樹。」

「大家有時以為我們只是為了錢，只是想要利用哈比人來賺錢。這不是事實。我們的錢來自歐盟的補助，我們也接受許多基金會的贊助。我拿了阿育王基金會（Ashoka Foundation）的獎助金，這個組織專門幫助社會企業。我沒有從哈比村這個計畫中賺到一分錢。」

「一開始的情況如何？我們在這一帶很出名。我們在附近的村莊舉辦過節慶、雜耍聚會和藝術工作坊。斯瓦夫諾舍拉科沃的居民知道這些。但當我第一次告訴他們哈比人的事，我還蠻擔心的，甚至以為他們之中會有人站起來，說我是蠢蛋。」

巫婆有網路

「有些人是這麼說了，但是話說回來，不然你要說什麼好？拿我做例子吧，我的工作內容是：給孩子們用一把蜘蛛、一把蚊子和沼澤的水做成的飲料。」巫婆說。

巫婆的小天地有一面牌子，上面寫著：「斯瓦夫諾舍拉科沃的社區活動中心是用波蘭PUZ保險公司的社會責任基金和公共捐款建造的。」在門後，有一個小小的圖書館，還有電腦可以上網。在這裡，巫婆變身為愛迪塔（Edyta）小姐——有著一頭俐落的金色短髮，還有十分親切的微笑。

「哈比人？有次我表妹無法來當巫婆，我就說：我可以代替妳去，只是我該做什麼？然後我就穿上一個麻袋，把臉塗黑，去嚇唬小孩了。」

那個表妹是樹人，我們一起坐在社區活動中心聊天。「我從一開始就在這個計畫中了。因為這所有的一切都是以學校為中心安排的。而我——對了，我叫波格絲瓦娃（Bogusława），是學校的老師。我的意思是，我曾是學校的老師，因為鄉公所最近把我們的學校關閉了。」

「從很久以前大家就知道，學校會關閉。我二〇〇四年本來就要畢業了，但是我很害怕，那樣我的價碼會太貴，沒有人會想要僱用我。有文憑的老師賺得比較多，法律是如此規定的。我寧願當個比較便宜的老師。」

「直到今年，我才對自己說：算了，沒差。我已經讀了三個碩士課程，還到處去上課，會怎樣就怎樣吧。然後我成功了，我會去舍努夫鄉的社區活動中心當老師。」

「學校關閉讓我們覺得很可惜。我們的孩子今年在這個鄉的聖誕劇比賽中得了第一名。我們的電腦教室增添了新設備。在比爾博（Bilbo）的生日，我們還演出偶劇來慶祝。在我們的學校總是有這麼多活動，甚至許多城市都比不上我們。」

「但我們只有十二個學生。鄉公所算了算，學校一年要花三十萬波蘭幣，一票反對，我們的學校就沒了。」

女村長在剝豆子

女村長和哈比人們似乎水火不容。為什麼？大家不是很清楚。一開始她很投入，市長還買了一隻鴕鳥給她，讓她可以給孩子們看鴕鳥，吸引注意。

但後來女村長不知怎麼地變了。她把大門深鎖，還把鴕鳥藏起來。後來鴕鳥死了。到底發生了什麼事？沒有人知道。我打算去問問。

女村長瑪莉歐拉（Mariola）小姐是個實事求是、精神奕奕、工作勤奮的女性。我去找她時，她和兒子們正摘完豆子回來，要把豆莢剝掉。她對哈比人不予置評。「您就寫，我祝他們一切順利。」說完，她就準備和我說再見。我不能讓她就這樣走掉呀！畢竟，沒有人會比村長更瞭解這個村子。我於是和她約定，我會幫他們剝豆子，然後順便談談村子和她的問題。

「但一個字都不准提到哈比人！」她強調。

我們坐下，我乖乖地剝豆子。「村民主要是因為『維斯瓦河行動』[1]而來到這裡的。他們都很勤勞，拿著一瓶酒坐在那裡無所事事，在我們這裡很少見。」

「問題？最大的問題是道路，上面坑坑洞洞。最近一棟四連屋失火，消防隊費了九牛二虎之力才趕到。[2]救護車更是提都別提。我們這裡住的多半是老人，他們很害怕，如果發生什麼事，救護車會趕不到。」

「第二個問題：訊號很弱。在這裡，幾乎沒有一臺手機的收訊良好。現在是二十一世紀了，德國邊境就在不遠處，這根本令人難以想像。」

「第三個問題：年輕人愈來愈少了。兩百個居民中，有五十個是在戰前或戰時出生的。年輕一輩，有能力的都跑了。」

咕嚕抽萬寶路

咕嚕（贊農先生扮演）在村子裡開一家商店。我們坐在長椅上喝提斯啤酒（Tyskie），抽萬寶路，回憶過往，談起以前人們會抽沒有濾嘴的香菸，喝一種叫作「幹腦」（mózgojebane）的便宜葡萄酒。

那已經是歷史了。現在幾乎沒有人會在咕嚕的店裡買葡萄酒。店裡的熟客坐在旁邊的桌子，津津有味地喝啤酒，談著波蘭的民主是多麼地敗壞。

「我只是騎個腳踏車，駕照就被吊銷了……就算在哥穆爾卡（Gomułka）的時代，也沒發生過這種事。」[3]

「那是因為你騎車時喝醉了啦，亞許。」比較清醒的人提醒。

「沒差啦。以前我喝醉了還開過拖拉車呢，那時候什麼事都可以喬。現在不同了，現在是警察國家。」

我們把話題轉回哈比人身上。「咕嚕？他原本是哈比人的一員，但他因為魔戒而發瘋了。他為了魔戒殺害自己的兄弟。」贊農開始說，但是下一個客戶出現了，他必須去櫃檯。

「這附近也有類似的故事。」腳踏車愛好者說：「但他們不是為魔戒吵起來的，而是為了女孩。」

「才不是咧，是為了一塊地。」第二個人說：「哥哥殺死了弟弟，千真萬確。」

贊農回來抽剛才沒抽完的菸，也把故事說完。「遊客來的時候，我就說：『嗨！哈比人！我也是哈比人。』他們就說：『不！你不是！』然後他們會開始在池塘裡找魔戒。」

「贊農，告訴他，你是怎麼做出池塘的！」

「無心插柳。幾年前我在這裡種馬鈴薯，小溪淹水，馬鈴薯都泡爛了。但是我把犁田機拿出來，挖了個小洞。他們就在那裡找魔戒，雖然水只到膝蓋，但是我告訴他們那有三公尺。」

「去年，有個女人手腳並用抓著繩子不放，雖然她的屁股已經碰到了底。她真的嚇了個半死。」

「贊農，也許你可以幫我搞份工作？」腳踏車愛好者說。

「你想當巨怪還是矮人？」咕嚕笑著回答，然後對我說：「您瞧，我們的父母只靠農地過活，而我們已經幾乎什麼都不種了。我去年把五公頃的田地化為森林，歐盟會給我們錢，如果鄉公所同意，所有的一切都會變成森林。」

精靈女王喜歡電影

「這年頭的孩子不知道是怎麼了。」精靈女王凱蘭崔爾（Galadriel）和我分享她的看法：「他們不去採花給我這位精靈女王，反而去找棍子要打巨怪。我們小時候比較和平。」

女王——也就是瑪格札塔（Małgorzata）小姐——今年鼓起了勇氣，去魚肉食品加工公司 Esperson 工作。

「為什麼說『鼓起勇氣』？因為如果你很久沒工作，第一次是很困難的。但是老實說，這也是我第一份正式的工作。」

在公司的官網上，我們可以讀到這樣的介紹：「跨國公司 Esperson 為歐美的餐桌提供優質的波羅的海魚種。我們的標準產品包括冷凍魚塊、切片魚、切塊魚，以及各式各樣的炸魚。」

精靈女王會把這些標準產品去骨，然後包裝。現在她休假一個月。之後會怎樣？到時候再說。

「也許該放棄哈比人的工作。雖然很可惜，但是哈比人不會付退休金，而 Esperson 公司會。」

「孩子們？我在故事中是個好人，他們會從我手中得到寶物，這會保護他們。」

「得到什麼？」

「寶物，我不是說了嗎。但如果孩子們不回答我的問題，我會留下一個人質。我問什麼問題？比如說，托爾金故事中有什麼人物。或讓他們猜謎：有一種東西，會從樹上掉下來，紅紅的、黃黃的，風把它們吹來吹去，這是什麼？」

「謎語我都是從網路上找到的。沒有電腦，在村子裡生活簡直無法想像。」

「去年我們這裡來了很多觀光客。幾乎每個人都很開心。村子那麼小——卻來了那麼多大客車。」

「有些人看到我會大叫：『小紅帽！』我就說：『對不起，親愛的，那是另一個故事。』」

「有時你會遇到這樣的孩子，他們讀了書，然後不喜歡這裡的一切。他們說：這和書上的不同。我沒讀書，因為我們去了電影院。讀書還是要真正喜歡閱讀才能辦到，而我不喜歡閱讀。但是我看了電影，很喜歡。」

第一個巨怪在等鄉公所

「如果我把手腕擡起來，我就沒辦法動手指。」第一個巨怪給我看他幾乎全毀的手，那是前國營農場的意外留下的後遺症。「我的手被絞進兩根金屬滾輪之間，醫生只救回一條肌腱。」

「但我的人生哲學是：人生只有一次，擔心也沒用。如果你今天過得不好——也許明天會變好。就像現在。四月時，我的農舍燒毀了。我們之前住在一棟四連屋。鄉公所說，他們十一月會把房子蓋回來，但他們甚至還沒開始。現在我和妻子及孩子住在學校。不然我要怎麼辦？大哭一場嗎？」

「斯瓦夫諾舍拉科沃？我是因為索夫諾（Sowno）的國營動物養殖場而來到這裡的。我父親在我十四歲的時候意外喪生，我必須獨自經營他的農場。我和我太太是在國營農場認識的。她想回去，因為在那裡他們什麼都會給你。國營農場垮了之後，我們就靠救濟金過活。」

「哈比人？我最愛的一點是，所有的錢都留在村子裡。舉辦節慶時，我們村子裡的女人會煮菜，我們的商店老闆會賣啤酒，我們的老師演奏音樂。賺錢的都是自己人，不是外人。」

「我很快就學會了如何和孩子們相處。」

「你怎麼可能學不會？你自己就生了十一個。」在看報紙的中土鐵匠，史蒂芬（Stefan）先生說。

「我只有七個。」第一個巨怪生氣地說。但鐵匠不讓步：「哼哼，每兩個來觀光的紅髮小孩中，就有一個是你的。」

巨怪揮揮那隻好的手，表示不跟他吵。

「我們也有上教育課程。他們告訴我們，孩子怎麼對你，你就怎麼對他們。他們很親切——你也對他們親切。他們大吼——你就吼回去。」

「我大概上了三、四十個課程。我從來沒想過，職業學校畢業後，我竟然還會學這麼多東西。而且我們還環遊世界！我去了奧地利、捷克、斯洛伐克和英國。」

「但是我們也會教他們關於自然的事。巫婆叫他們去抓蚊子，他們就去找了——他們不知道，蚊子不會在白天飛。」

第二個巨怪對哈比人滿懷希望

「最糟的是，我們不知道自己的未來如何。如果鄉公所把廢棄的學校給我們，這就表示我們可以開始一些遠大的計畫。」

第二個巨怪——約瑟夫（Józef）先生——是哈比人計畫的經理。「今天差不多有三十個人靠哈比人賺錢。我們接待幾千人，我們很專業，我們也真正開始賺到一些錢了。有多少？很難計算，但在旺季時，一個人可以賺到幾千塊。」

「但如果他們不給我們學校——我們還撐不撐得下去，就很難說。那很可惜，那樣就好像一切都白費了。你可以看到大家的改變。他們以前和別人說句話都會害怕，現在他們很勇敢，很健談。」

約瑟夫先生以前在船隻零件廠工作，後來自己出來闖盪。「一開始生意不錯。我和弟弟在附近的村子開了五間店。我們還租了一輛車。但社區慢慢變窮了。而誰是你最大的麻煩？

朋友！朋友問你要賒帳，你肯不肯？當然肯，可惜的是，我身邊都是朋友。光一間店，就被人賒了七千塊。我們那時是最勇敢的，但在那個年代，我們也是被剝削得最嚴重的。今天我們依然是最勇敢的。全波蘭的人都會來看我們，和我們學習。」

「您有看到這個小木屋嗎？這是我在十幾年前蓋的。我本來要和朋友在這裡做小飛雅特的車子零件。但是沒有成功。現在這裡會成為『巨怪酒吧』。我們成立了自己的公司，我們要試著只靠哈比人過活。」

「會成功嗎？」

「成功的話，那很好。如果不會成功，那我們就會試試別的玩意兒。」

伊嘉克博士在耍球

旅途結束了。沃茨瓦夫．伊嘉克站在來自盧布林省的村長們對面，手中拿著四顆球。他用右手把一顆球慢慢地、持續不斷地往上丟然後再接住。「許多年來，村民的生活就像這樣。他們只要會一件事就好：播種耕地、養殖動物，什麼都好。但是現在時代改變了。」他邊說，邊開始耍球。「現在要試著這樣做。」他一次丟三個球。「或者這樣做。」他輪流同時丟兩個球，或丟一個球。

盧布林省的村長們搖著頭，說：「在我們那裡行不通的。」

「這裡的人一開始也這麼說。」伊嘉克博士回答。

村長們繼續搖著頭，說：「這裡窮到脫褲。在我們那兒，人們還沒窮到要把自己搞成哈比人的地步。」

譯注

1 維斯瓦河行動是波蘭政府在一九四七年進行的一次強制遷移。烏克蘭反抗軍（UPA）在波蘭東南部進行游擊戰，為了斷絕烏克蘭反抗軍的後援，十四萬平民——其中包括烏克蘭人、蘭科人（Łemkowie／Lemkos）和博伊科人（Bojkowie／Boykos）等民族——被迫遷移到波蘭西部，二戰後波蘭人民共和國自德國獲得的領土。

2 四連屋是一種建築名稱，裡面有四間公寓，各自有獨立的出入口，在波蘭，四聯屋一開始被用來當作是給佃農居住的地方，後來也被當成住宅，這些屋子通常很小，品質也不怎麼好。

3 瓦迪斯瓦夫·哥穆爾卡（Władysław Gomułka）在一九五六到一九七〇年出任波蘭統一工人黨第一書記。

七　送獅子到非洲

釋放獅子最重要的準則是：裝笨。最好是：比實際上笨很多。

拉多萬的普普藝術

「各位，這裡就是卡拉季奇先生曾經居住的地方。這些人是他的鄰居。您最好不要拍照。這些人都對記者很反感。您看到了——他們在吼叫。請不要大吼！這只是個觀光團，兩個波蘭人、兩個俄羅斯人和一個日本人。您們不用介意，這只是一場不愉快的意外。我們塞爾維亞人通常很友善。喔，那邊那位帶小狗的女士不就在微笑嗎？」

二〇〇八年八月三日。我在貝爾格勒（Belgrad／Belgrade）參加拉多萬．卡拉季奇（Radovan Karadzić／Radovan Karadžić）的散步團，他逃亡期間曾經在此躲藏，假扮成德拉甘．達比奇（Dragan Dabić）醫生，以另類療法行醫。我們參觀他曾居住的大樓、買東西的商店和常去的酒吧。這條路線的名稱叫作：「拉多萬的普普藝術」（Pop-art Radovan）。

我們的導遊是二十來歲的女孩。當卡拉季奇包圍塞拉耶佛時，她才不過比一張桌子高一點。不管發生什麼事，她都報以微笑。「你們注意到沒？卡拉季奇先生的信箱中有東西。不，我勸您最好不要去那裡。我知道你們日本人總是喜歡拍很多照片，但這一次，這並不是個好主意。」

我們看著這棟平凡無奇的建築。平凡無奇的陽光把我們曬得熱辣辣的。花盆裡種著平凡無奇的天竺葵。卡拉季奇每次出門時，一定都會看到這盆花。

這裡沒有藏身的山洞和手槍，也沒有發生過槍戰，只有給小孩玩的攀爬梯，和七張漆成綠色的長椅。在這棟六層樓大樓的牆上，現在有人用噴漆噴了這樣的字眼：「拉多萬・卡拉季奇的街道」。

七月二十二日，他帶著大包小包走了出來。這裡離七十三路公車站牌有幾百公尺。有人說：他要去度假。另一些人說：他知道新政府會想盡一切辦法，把他送到海牙。他坐上了公車，十幾分鐘後，這位「巴爾幹的劊子手」（Kat Bałkanów）、「波士尼亞的屠夫」（Butcher of Bosnia）就落網了。

一千年的徒刑

德拉甘．達比奇這個名字是怎麼來的？真正的達比奇在戰爭爆發前，似乎是塞拉耶佛的工程師。但情況真是如此嗎？關於這件事，沒有人能百分之百確定。貝爾格勒的西方記者說：警察故意要讓我們陷入五里霧中。政府很希望我們能去尋找這個身分證的主人，去超市問他最喜歡哪一種乳酪，去診所問他用哪一種方法治療。他們竭盡所能要讓我們分心，把重點放在達比奇醫生的生活細節這些微不足道的事情上。

這樣，我們才不會問那個最關鍵的問題：怎麼可能？這個自二戰以來最惡行重大的罪犯，為什麼能大搖大擺地走在貝爾格勒的街上？

「但是細節也很重要。」一個外國記者強調：「要瞭解今天的塞爾維亞，你得瞭解那雙重的人生：善良的達比奇醫生，以及邪惡的卡拉季奇先生。」

那就讓我們來尋找這個身分證的主人。最可靠的故事版本是這樣的：真正的德拉甘．達比奇曾住在塞拉耶佛。一九九三年春天，他死在狙擊手的子彈下。他原本要穿過街道，跑到有提供人道援助的廣場上。

那個時候，塞拉耶佛已經被拉多萬．卡拉季奇的軍隊包圍了好幾個月。他當時是塞族共和國（Republika Serbska／Serbian Republic）的總統，現在這個國家已成為波士尼亞的一部分。

因為圍城，城市裡的生活愈來愈困難，人們缺乏水、食物和醫療包紮。

德拉甘・達比奇第一次死亡的故事，是他的兄弟米拉當（Mladen），在波士尼亞與赫塞哥維納（Bośnia i Hercegowina／Bosnia and Herzegovina）的電視臺上公布的，米拉當直到今天都住在塞拉耶佛。「子彈從弗拉察（Vraca）區飛過來，卡拉季奇的軍隊就在那裡駐紮。我的兄弟是塞爾維亞人，卻被塞爾維亞的士兵殺死。當我得知，卡拉季奇竟然冒充他的身分，我恐懼莫名。怎麼有人可以這麼厚顏無恥地說謊？」

將近四年的圍城，造成一萬兩千名塞拉耶佛的居民喪生，其中一千五百人是孩童。

卡拉季奇可能會在海牙法庭被判一千年的徒刑。最嚴重的控訴是種族滅絕——在一九九五年，他的士兵在斯雷布雷尼察鎮（Srebrenica）對穆斯林進行大屠殺。

「女人和孩子被命令往右走，男人則往左走。至於男孩要被歸類為孩子還是男人？就由一條一百五十公分高度的繩子來決定。如果有個男孩比那條繩子高，他就會被帶離母親身邊。」報導文學作家沃伊采克・托赫曼（Wojciech Tochman）在他的著作《彷彿像是吃了石頭》（Jakbyś kamień jadła／*Like Eating a Stone*）中寫道。「第二年春天，女人們得知，海牙國際法庭的調查小組在斯雷布雷尼察附近挖掘。在不久前被動過的泥土下，找到了三千五百具屍體。」

「這場屠殺中最年輕的倖存者，只有十七歲。當他被矇住雙眼、雙手被綁住，和一群男人一起被趕下卡車，所有人只乞求能喝一口水。『我不想渴著死去。』——多年後，他這麼說。」波士尼亞記者艾米爾・索亞季區（Emir Suljagić）在他的書《來自地獄的明信片》（Pocztówki z groby／*Postcards from the Grave*）中寫道——他正是塞爾維亞軍隊攻擊斯雷布雷尼察事件中，為數不多的倖存者之一。

德拉占・艾德莫維奇（Drażen Erdemovic／Dražen Erdemović）在司令官的逼迫下，對斯雷布雷尼察的穆斯林開槍。「那個男孩的眼睛沒有被矇起來，所以德拉占看到了他的臉，雖然他告訴自己不要看囚犯的臉，因為那會讓行刑變得困難。那男孩看來十五歲，或許更小。當囚犯們在行刑前夕，在執行槍決的士兵面前跪下，德拉占聽到了男孩的聲音：『媽媽。』他低語：『媽媽！』一分鐘後，男孩就死了。」在她的書《他們甚至不會傷害一隻蒼蠅》（Oni nie skrzywdziliby nawet muchy／*They Would Never Hurt A Fly*），絲拉凡卡・德拉庫里奇（Slavenka Drakulić）就這樣重構了德拉占的一天。

在斯雷布雷尼察，共有八千名男人及男孩被殺。最年輕的犧牲者只有十四歲。

達比奇的第二次死亡

德拉甘・達比奇第二次死在塞爾維亞的檢察大樓中。這一次，只要動動剪刀，就能讓長髮、充滿個人魅力的自然療法醫生永遠離開人世。

然而，有些人卻說，卡拉季奇盜用的是另一個達比奇的身分——那個達比奇是一個小農，來自小村盧馬（Ruma），離貝爾格勒有六十公里。卡拉季奇用的身分證，應該是達比奇身分證的複本。西方記者特別指出：達比奇本人不用手機也不用電腦。他告訴ＢＢＣ（在此之前他不知道ＢＢＣ的存在）：「我從沒想過要以這種方式出名。」

卡拉季奇是從哪裡拿到德拉甘・達比奇的文件？沒人知道。在他居住的公寓中，人們發現了好幾份有不同名字的身分證明文件。

我寧可感覺到熱流

今天，你很難找到卡拉季奇—達比奇的病患。就算你找到他們，他們談起看診的經驗都有點尷尬。部分原因是，當他們發現自己的醫生竟然是一個完全不同的人，當然會覺得怪異。另一個原因則是這幾年，自然療法在這裡常被人嘲笑是迷信。

還有一個原因：德拉甘．達比奇治療的多是私密的疾病，比如說陽痿或不孕。

葉蓮娜．S，三十歲，她是我在貝爾格勒的友人的朋友。她很瘦、穿著優雅、實事求是。「治療？是朋友勸我去的。她去了一場達比奇的演講，那時候他在談飲食的重要性。她說，他是從美國來的，但在印度及中國住過。他看一次病本來要五百第納爾（dinar）[1]，但他經常分毫不取，他給人一種印象，就是錢對他來說一點都不重要。」

「我那時腎臟有毛病，搞不好要洗腎，因此四處尋找協助。」

「他一開始深深地看進我的眼睛，然後給我把脈，叫我伸舌頭給他看。最後他把手放到我的背上，就那樣一直放著，之後他把手拿開，甩了甩。在那之後，我感覺很溫暖。他給我做了某種護身符，但我從來沒戴過，我本來想把它丟掉，但是現在，我肯定會把它留起來做紀念。」

「我不信任他，他看起來像是江湖郎中，留著一頭長髮，綁成馬尾，還有一把看起來像是聖尼古拉的大鬍子。有一次他告訴我，宇宙就是透過他的頭髮和鬍子把能量傳遞給他，我聽了差點從椅子上跌下來。」

「但是我的腎臟改善了。我不知道是不是他的緣故，因為那時我也試了許多其他方法：比如禱告和吃齋。」

杜尚（Duszan／Dušan）．M，「瘋人院」（Dom Wariatów／Madhouse）的常客（那也是達比奇最愛的酒吧）。他有點斜視，穿著短褲，是狂熱的愛國分子。「我有一次對卡拉季奇……我是說達比奇抱怨，我的腳要動手術。它長得很歪，那是機車意外留下的後遺症。」

「是我媽要我去看他的。因為在她老家，在蒙特內哥羅（Czarnogóra／Montenegro）的一個小村莊，也有一個那樣的另類療法醫生。她說，如果他幫不了你，那就沒人能幫你了。」

「我認識達比奇，他不只一次買啤酒請我喝，還會拍我的肩膀，問候我的健康狀況。」

「在我們社區，大概沒有人是在貝爾格勒出生的。這個地方是七〇年代末興建的，會來到這裡的都是士兵和他們的家人。我父親配給到一間公寓，因為他是南斯拉夫軍隊的軍官。」

「很多人在戰爭期間被遷到這裡——他們是來自波士尼亞和克羅埃西亞的塞爾維亞難民。他們是很好的塞爾維亞人。許多人參與了戰爭。我們可以說，對卡拉季奇來說，這是一個理想的居所。」

「我的腳？嗯，我於是就去找他了。我說，達比奇先生，您可以幫我治療我那長歪的骨頭嗎？醫生們想要把我的骨頭敲碎，難道沒有其他的方法嗎？」

「他從厚厚的鏡片後面看著我。他說，今天他已經喝了葡萄酒，喝了酒後無法看診。他於是叫我隔天去他家找他。」

「他的公寓很乾淨，有兩個房間。他在一個房間裡睡覺，在另一個房間工作，那裡有一臺大電腦。那時候我就在想，他要電腦做什麼？後來我讀到，他在蒐集資料，如果有一天到海牙，他會用這些資料為自己辯護。」

「電腦旁有一張照片，上面有四個穿籃球衣的男孩。達比奇先生說，這是他住在美國的孫子們。」

「你問我他怎麼治療？他把手放在我的腳上，問我是否能感覺到熱流。我什麼都感覺不到。但是在他的聲音中有那麼一點什麼，讓我覺得，我寧可感覺得到。於是我說：對，我感覺到了。」

「後來在醫院，醫生們還是把我的骨頭敲碎了。但後來好像就長正了。我不知道這是不是真的，因為到今天我走路還一跛一跛的。」

這是非政治的觀光

「各位，這裡就是達比奇醫生買東西的地方。番茄要三十九第納爾，梨子六十九。人們說，他吃得很健康，只吃蔬菜和水果，還有乳酪。他似乎很在意他吃的東西是否來自塞爾維亞。小販說，她也有西班牙來的番茄，比較大、比較漂亮，也沒有貴多少，但是他總是選塞爾維亞的番茄。」

「現在請往右邊看那間酒吧，那是『瘋人院』，他總是坐在自己的肖像底下，喝『熊血啤酒』（Niedźwiedzia Krew／Bear's Blood），和人們聊天。所有人都深信不疑，他的名字是德拉甘．達比奇，是另類療法的醫生。葡萄酒？請試試看吧，我們公司請客。不好喝嗎？這是便宜的酒，都是些普通人在喝，達比奇先生過著很簡樸的生活。」

「瘋人院」裡一團混亂。桌子只在有人記得的時候才會擦，這裡最受歡迎的啤酒品牌是鹿酒（Jelen／Yelen），但也有來自蒙特內哥羅的尼克希奇科啤酒（Nikšićko）。到處都有一大堆東西：酒杯、杯墊、抹布、酒瓶。而在最顯眼的地方——則掛滿了肖像。我們問導遊這些是誰的肖像。

「右邊這個是拉特科．穆拉迪奇（Ratko Mladić）將軍，他還沒被抓到，好像是躲在山上某處，在狄托將軍以前用過的堡壘。[2]我們也有狄托將軍的導覽路線，還有北約組織轟炸的路線，我等下可以給你們看目錄。」

「左邊那個？不會吧，您竟然不知道？啊，沒錯，您是日本來的，您不知道是正常的。那是斯洛波丹・米洛塞維奇（Slobodan Miloszević／Slobodan Milošević），我們的前總統。喂，來自波蘭的先生，我沒聽見您的問題！掛這些肖像合法嗎？為什麼不合法？現在是民主時代。在波蘭，您應該也可以愛掛什麼就掛什麼。但是，但是，您這是在挖坑給我跳。我們這是非政治的觀光。您這樣子很差勁。請跟我上車。」

我想念達比奇先生

德拉甘・達比奇的朋友們想念他。米拿・米尼奇（Mina Minić）是一名治療師，也是達比奇崇拜的上師。他在電話中告訴我：「請不要誤會我的意思，我不是在想念卡拉季奇。我只認識達比奇——他是個和善的人，滿腦子都是占星學和空中漂浮。」

達比奇本來要寫一本關於米尼奇的書。米尼奇為表感謝，給了達比奇新的名字——大衛。那是來自聖經中的大衛王，因為米尼奇和達比奇的思想是和基督教緊密連結的。

米尼奇說：「我們是東正教的無神論版本。我們從東正教教會中擷取最菁華的部分：神祕主義、冥想、齋戒和祈禱治療。您是否知道東正教的僧侶可以在空中漂浮？您是否也知道，在基督教早期這是很普遍的技能？僧侶們後來怎麼了？他們為何被困在地面？我們問自己。於是，我們拋棄了東正教的機構，拋棄了它浮誇、和政治掛鉤的那一面。」

「現在我讀到，卡拉季奇在當總統時，和東正教教堂往來密切。這表示他一直都在騙我。」

「卡拉季奇……我是說達比奇……每週會齋戒兩次：在星期五和星期三。他在尋找東正教和他在印度及中國學的東西之間的連結。現在我知道他根本沒去過這些地方，但他說起這些事時很有說服力。我以為他是偉大的智者，但他只是偉大的演員。」米尼奇說。

米斯科・柯文揚尼奇（Misko Kovijanić），「瘋人院」的老闆說：「他主要聽別人說話，這在塞爾維亞很不尋常，這裡的人多半都在發表自己的意見。」

「這裡住的都是一些窮人，而在窮苦的地方，人們對政治話題就特別熱中。達比奇總是坐在卡拉季奇的肖像下觀察我們。我們就這樣度過了許多個冬天的夜晚。有時，要是有人的言論太過偏激，達比奇醫生就會搖搖頭，說：『我的孩子們，沒那麼簡單。』但他沒有一次說出自己的看法。」

「真可惜，他沒對我們說實話。沒有人會背叛他，我們甚至還會更完善地保護他，這裡的客人都是堂堂正正的塞爾維亞人。」

「所以都是些什麼樣的人？」我問。

「愛國分子、退伍士兵、反對這狗屎歐盟的人。但是我明白，他不能跟任何人說。他很謹慎，但即使如此，還是有人背叛了他。我在報紙上讀到，有人因為交出他而領了五百萬美金。」

「為什麼這裡叫『瘋人院』？因為八年前我們在蓋這間酒吧時，我太太剛好打電話來。這裡吵成一團，我對她說：『我必須出去講電話，這裡簡直是瘋人院！』工人們記住了這個名字，之後它就叫這個名字了。」

「但當我們的達比奇先生被抓後，這裡才真的成了瘋人院。記者、觀光客、所有人都蜂擁而來。最糟糕的是那些民族主義者。當然，我是塞爾維亞人，我愛塞爾維亞。但那些人想要把我的酒吧燒了，因為我賣可口可樂，也就是美國的飲料。這正常嗎？我甚至必須把整個冰箱都藏起來。現在他們每天都會到這裡晃來晃去。」

「您知道，我真希望有一天，我打開門，達比奇先生會走進來，彷彿什麼事都沒發生。我會請他喝一杯葡萄酒，然後說：『醫生，您真是經歷了一場冒險啊！』然後他會坐下點點頭，告訴我海牙那邊的人搞錯了，對他萬分抱歉。我不認識卡拉季奇本人，我尊敬他，因為他是我們的領袖。他希望塞爾維亞只屬於塞爾維亞人，事情本來就該如此。」

「但是我想念達比奇先生，以及幾個星期前的平靜。」

我不是他的愛人

當我來到貝爾格勒，大家都在找一名叫作米拉・達米亞諾夫（Mila Damjanov）的女人。達比奇愛她愛到發狂——認識這對伴侶的人說。

《健康生活》（Zdrowe Życie／*Healthy Life*）的塔蒂安娜・尤凡諾維奇（Tatjana Jovanović）說：「我們曾經一起去參加各種會議和研討會。達比奇的眼睛不曾離開她一刻。他們總是坐在一起，休息時間彼此擁抱，互相輕撫手背。」

米莉茨・塞納（Milica Sener），達比奇醫生的鄰居則說：「我常常看到他們在一起，手牽著手。那女孩很和善，雖然我不只一次在想：這麼年輕的女孩，到底看上那老頭哪一點。但是我丈夫說，戰爭後塞爾維亞的男人太少了，找個老的，總比一個都找不到來得好。」

我也在貝爾格勒的公寓住宅區「澤孟」（Zemun）尋找米拉，但一無所獲。直到，米拉親自現身了。她接受塞爾維亞小報《媒體》（*Press*）的訪問，說：「我消失了一段時間，因為我想要先向卡拉季奇先生的家人解釋，說我從來都不是他的愛人。直到我確定這些訊息有確實傳達到卡拉季奇太太那邊，我才決定接受採訪。」

「那麼，我是誰？我是深深受到他的靈性和智慧吸引的女人。達比奇先生具備豐富的、關於神祕主義的知識，但他也很瞭解藝術、哲學和歷史。不過在我們之間，從來沒有過任何，嗯，親密的關係。」

現在，貝爾格勒的民眾對米拉的事有了新的理論：從一開始，她就是特勤單位的特工，她的任務是揭穿卡拉季奇的身分。

卡拉季奇的可麗餅

「親愛的各位，我們現在要去『小木偶』（Pinokio／Pinocchio）餐廳吃可麗餅。卡拉季奇一個星期會在那裡用餐好幾次。他最喜歡的是甜味的可麗餅，現在餐廳為了紀念他，推出了能多益榛果巧克力醬（Nutella）、核桃醬和小紅莓口味的可麗餅。您看到了嗎？這邊有寫：『拉多萬．卡拉季奇的可麗餅——一百五十第納爾。我怎麼看這件事？現在每個人都試著想辦法賺錢，這有什麼不好的？一家餐廳在裡面放了一張椅子，說：卡拉季奇總統曾經坐在這裡。另一家則推出了幾道素食餐點，說：『卡拉季奇醫生推薦。』」

導遊給我們看「小木偶」的櫥窗，上面有一篇文章寫著，卡拉季奇曾在這裡用餐。而在那旁邊，一個著名的網球選手推薦雞肉口味的可麗餅。服務生說，「卡拉季奇可麗餅」賣得很好。對我們的導遊來說，這是另一項證據，證明這是個貨真價實的金礦。

「我們曾試圖說服他那個社區的民眾，請他們在觀光導覽期間變裝成達比奇醫生。扮裝的人會戴上假鬍子、穿上黑毛衣。拍一張照片可以拿一歐元，但他們不想這麼做。他們還沒有什麼生意頭腦，他們腦子裡依然充滿共產主義的思想。」

套裝行程另有優惠

「我希望各位喜歡我們今天的導覽。可惜我們不接散客。我們只把這條路線併在『貝爾格勒導覽』之中，團體旅客可以選則狄托、特斯拉（他是我們偉大的發明家）或卡拉季奇的貝爾格勒。[3]或者也可以選我們的套裝行程，比如說特斯拉和卡拉季奇的貝爾格勒，會比較便宜。」

「最後，我們有一個小驚喜要給各位。我們現在正經過卡拉季奇被捕後，就直接被送進去的檢察大樓。你們可以在那裡拍照。當然，我會和您一起拍張照片！你們日本人總是這麼親切。」

「這就是檢察大樓。在這裡，他們給達比奇先生剪了頭髮，於是他又變回卡拉季奇先生了。之後，他就被送到機場，然後被帶到海牙。」

「我要站在哪裡？這裡嗎？太好了！我們說：crisis。喀喳！好了。」

「導覽？大部分的人反應都很好，人們想要參觀和卡拉季奇先生有關的地方。既然有這種需要，我們就提供這些服務。」

「只有一位女士寫信來說，她不喜歡『拉多萬的普普藝術』這個名稱。她寫道，這樣子人們會開始把卡拉季奇當成一個可愛的人物，就像一個留著長鬍子、戴著有點太大的眼鏡的老爺爺。她希望我們把導覽的名字改成：『戰犯卡拉季奇』但是您老實告訴我，您會想去這樣的導覽嗎？」

「但這位女士不太知道怎麼經營旅遊公司。除此之外，她好像是在戰爭中失去了親人。這樣的經驗會改變一個人。」

「但是您又讓我離題了。我們只是想要推廣塞爾維亞，讓大家看到它的文化和好客。既然市場需要這樣的觀光團——我們就去規劃它。」

給塞爾維亞人的雞肉

我們坐在一輛本田越野車裡，往普里斯提納（Prisztina／Pristina）的方向前進。開車的是佛羅倫（Florent），是個阿爾巴尼亞人。他旁邊坐的是杜尚（Duszan／Dušan），塞爾維亞人。他們都來自米特羅維察（Mitrovica），在那裡，阿爾巴尼亞人和塞爾維亞人的衝突是最激烈的。我不安地等待，不知道路上會發生什麼事。他們會爭吵嗎？會打架還是互相開火？目前，這些事都沒有發生。

「你們兩個到底是怎麼會坐在同一輛車子裡的？」最後，我忍不住問。

「我們恨彼此，但是汽油實在太貴了。」佛羅倫說，然後他和杜尚同時哈哈大笑。「滾啦，小心我打你一拳……」杜尚笑得喘不過氣。

「我們從小就認識了。」杜尚終於解釋：「我們一起踢球，那時候你還看不出南斯拉夫會解體。我的父母住在城市裡阿爾巴尼亞那一區，直到今天，我在那裡還有許多好朋友。」

「塞爾維亞人會有阿爾巴尼亞朋友？」我試圖確認，他們倆都點點頭。難道，我遇見全國最不尋常的雙人組了嗎？

小心賓士

所有人都勸我不要在科索沃搭便車。科索沃人開起車來就像瘋子，他們很衝動，看到外國人會海削一頓，一分歐元都不剩——我到達科索沃首都普里斯提納後，和那裡的一群外國人喝咖啡，這些都是他們告訴我的。

「聯合國把他們寵壞了。」第一個人說：「它給了他們大把鈔票。我不相信會有任何人免費載你，即使只有一公里。」

「幸運的話，你會遇上騙子。不幸的話，你會光溜溜站在礦場，身上只剩一雙襪子。」

第二個人嘿嘿笑道。

「小心有深色玻璃的賓士車。」第三個人補充：「他們是黑手黨，你的器官可能會被拿去賣。」

他們說的話我一個字都不信。那是二〇〇八年二月，幾天前，科索沃剛宣布獨立，我想要在這個對科索沃人來說十分重要的時間點，看看科索沃人。他們的國家現在成為歐洲最年輕的國家了，我想好好看看他們，喝他們的咖啡、吃他們的麵包、因他們的笑話而發笑、坐他們的車。這就是為什麼我會在二月的某一天，站在從普里斯提納開往佩奇（Peć／Peja）的公路路肩。

我，大概是科索沃獨立後，第一個搭便車的人。

垃圾、廢五金和金玉良言

科索沃是個很奇怪的地方。拿手機來說吧，半小時內，就有三個國家的電信網絡向我打招呼。第一個是摩納哥（Monako／Monaco），因為這個國家曾在這裡贏得競標。而且既然科索沃沒有自己的國碼，它就用摩納哥公國的國碼。

兩個小時後，當我接近科索沃靠近馬其頓共和國（Macedonia）的邊界，馬其頓的電信網絡就來歡迎我。路上我經過塞爾維亞的內飛地（enklawa／enclave），歡迎我的就換成了塞爾維亞的網絡。

整個科索沃都被垃圾淹沒，當地人習慣直接把垃圾丟進河裡。以前，似乎有一條河流經達普里斯提納，但後來它變得太髒，當地政府就把河填了，然後在上面蓋住宅區。

這也有優點。我在科索沃時，完全忘了自己有過敏這回事。這裡根本沒多少樹，而草地則貧瘠得可憐。科索沃最常見的風景就是垃圾堆，然後是綿延數公里的廢五金，之後又是垃圾堆。

我就是在這樣的地方——在洗車中心、廢五金和加油站之間——出去招車的。我第一次揮了揮手，有點膽怯。那一長串呼嘯而過的汽車甚至沒有減速。我又鼓起勇氣，揮得大力一點。依然什麼事都沒發生，有些駕駛看到我還會加速。這大概是戰爭期間留下來的習慣：看到有什麼不對勁——趕緊逃命！

其他人好奇地看著我，彷彿我是什麼珍奇動物。戴著阿爾巴尼亞傳統小白帽（看起來像半個雞蛋）的老爺爺對我友善地微笑，有人用手機給我拍照，但沒有人停下車。

嗯，搭便車在這裡似乎不是很流行。每個男人的夢想就是有一臺自己的車。「我可以沒東西吃，但是汽油錢是一定要有的。」幾天後，一個駕駛對我說。

我身邊開過去一排戰車和兩輛水陸兩用車。在加油站工作的一個男孩走過來，用破破的德文（科索沃所有人的好像都懂這個語言）對我解釋，公車站就在離這裡不到五百公尺之處。「你為什麼不租車？」他問。「我想要認識這裡的人。」我回答。「做什麼用？」他不可置信地搖搖頭，然後回去工作。

過了一會兒，一輛有深色玻璃的黑色賓士停在我面前，似乎就是黑手黨開的那種，我的一顆心跳到了喉嚨。

死刑

「世界和歐洲對科索沃一無所知。」我剛認識的科索沃朋友對我說：「你們只知道科索沃在哪，還有哪一年發生戰爭，除此之外，對你們說什麼鬼話你們都會信。你們以為這裡每天都有炸彈爆炸，而女人則包得緊緊的，像在阿富汗那樣。然而科索沃是個再正常也不過的國家，和歐洲沒兩樣，只是窮了點。」

之後我們聊了一下科索沃的駕駛，和傳說中不同，這裡的駕駛開起車來還蠻守規矩，蠻安全的。

「那些亂開車、不守交通規則的人，警察會對他們公開處以鞭刑。那幾個最危險的，都被槍斃了。」他板著臉說。我嚇到了。我們沉默地坐了一會兒，直到我的新朋友受不了，爆笑出聲。

「你看吧！我不是跟你說了？說什麼鬼話你們都會信！」

普里斯提納—佩奇：沒有稽查，但是有生意

黑色賓士的主人名叫梅格林（Mëgrim／Mëgrim）。黑手黨？他咧嘴一笑，指著洗車中心，對我說：「那邊的，才是真正的黑手黨。」

我不明白。我現在已經知道，我遇見的第一個駕駛，不會把我的腎臟挖出來賣到黑市，我甚至已經舒舒服服地躺在他的皮椅上。但我還是不知道，那個手裡拿著橡皮水管的人，到

底和靠走私賺翻天的黑手黨有什麼關係?

穿著灰色運動服的梅格林是個年輕的小老闆,他嘲笑了我的天真。「你看到右邊那個洗車中心了嗎?我認識那個老闆,他開豪華轎車邁巴赫。我有一家傢俱工廠,僱用兩百個員工,而他開洗車中心,只僱用自己的妹夫。」

「我還是不懂……」

「那不是拿來洗車,是拿來洗錢的!他做著見不得人的生意,然後拿現金去銀行存。稽查人員問:您這一百萬美金是怎麼來的?他說:我有一間洗車中心,我工作很認真,我洗了五十萬輛車。大家都知道,這根本就是鬼話,但是科索沃的稽查單位弱到爆,沒有人會對他怎麼樣。」

「那你的工廠呢?這主意是打哪來的?」

「我這輩子從來沒想過自己會有一間工廠。我甚至沒想過會再看到科索沃。一九九九年,我和父母離開這個國家,到德國去,那時候科索沃完全在谷底。我爸在普里斯提納的一家外國報紙當翻譯,他於是幫我們一家弄到波昂(Bonn)的居留權。我在那裡上完高中,然後開始為一個德國人工作。我老闆是個超有錢、又超會做生意的人。我們後來成了朋友,有次我到科索沃探望親戚,他就問我:『梅格林,也許你去看看那裡有沒有什麼做生意的機會?或許我們可以賺點錢？』」

「於是我就去四處打聽。我以為我們會開一間店，或是一家酒吧。但後來我發現，佩奇有間很大的家具工廠，裡面完全是空的。你花很少的錢就可以將它買下，只要僱用員工就好。我問德國人：『要買嗎？』他說：『我從來沒做過家具！』我說：『我也沒有，但員工做過。』今天，我們工廠的家具賣到希臘、馬其頓和塞爾維亞，當然還有德國。」

「所以划算嗎？」

「超划算的！科索沃人一個月的工資才兩百歐元。今天，這個國家遍地都是機會。你知道，這九年來科索沃得到多少錢嗎？光是聯合國就給了三百億歐元，然後還加上歐盟和一些公益組織。我曾算過，每一平方公里，就有兩百萬歐元，但投資者依然不敢來。現在這情況結束了，科索沃宣布獨立後，一大堆人都打電話給我，說想在這裡投資，因為他們在這裡看到了市場。賈科維察（Djakova／Gjakova）附近就有十幾家工廠，雖然裡面都還是空的，但是我知道，土耳其人已經買下了其中一半。」

我們在佩奇市中心停下，那裡矗立著一座看起來像是飛碟的建築物。市中心有一條小河，街上滿滿都是年輕人。這一點都不奇怪，科索沃超過半數的居民年齡都在三十歲以下。

貝戈利酒店：沒有種族隔離，但是有按摩浴缸

在國外闖出一番事業的科索沃人，會竭盡所能地在國內投資。貝戈利家族開的貝戈利酒店（Hotel Begolli）是其中一個例子，我在普里斯提納時，就是在此過夜的。這家酒店結合了來自德國的實事求是風格，和阿爾巴尼亞的浮誇傾向。阿爾巴尼亞的房子要有許多樓層，阿爾巴尼亞的旅店則在每個房間都要有按摩浴缸，和路易十六風格的便宜家具。至於按摩浴缸不能使用，或者椅子的腳會脫落，只是無關緊要的細節。

普里斯提納的傳奇是位於市中心的大酒店（Hotel Grand），人稱「世界上最糟糕的五星級飯店」。在那裡，十五名侍者在空蕩蕩的大廳等待客人，但是若有人走進去，沒有一名侍者會迎上前去。

「嗯，沒辦法，這依然是家國營飯店。」愛爾提塔（Ardita）說，我和她約在這裡見面。「現在至少比從前好了，以前這裡真的像是種族隔離區——只有塞爾維亞人在這裡工作。」

「但是現在這裡一個塞爾維亞人都沒有。」我補充。聽到這話，愛爾提塔只是聳了聳肩。

普里茲倫—什特爾普采：沒有電，但是有雪

「我是塞爾維亞人，但是我有比科索沃獨立更頭大的問題。什麼問題？我的屋頂漏水，沒錢去修，還有電的問題……」

「電？」

塔蒂安娜在科索沃的塞爾維亞內飛地什特爾普采（Štrpce）經營一家鞋店，我搭她的便車到普里茲倫（Prizren）。她自豪地說，沒有一個阿爾巴尼亞女人有膽量和陌生男人說話。我想，她應該是有點誇張吧。

我們坐著她的歐寶越過薩爾山脈（góry Šar／Šar Mountains），途中經過北約駐科索沃部隊（KFOR）的崗位。在這裡，烏克蘭人和波蘭人聯合保護塞爾維亞人的安全。右手邊的小東正教教堂顯示，我們已經來到內飛地境內了。

「電？」塔蒂安娜深深吸了一口氣，說：「你看到了，人們會在屋子裡點蠟燭。你以為他們很浪漫嗎？有時候我們會斷電三小時，有時候五小時，有時候一整天。你永遠不知道，電什麼時候會來。沒電既不能洗衣服，也不能洗澡或洗碗。除此之外，最折磨人的就是無聊。冬天時天黑得快，沒了電，你就像隻羊一樣坐在黑暗中。你不想睡，但也沒事可做。」

「那時候妳怎麼辦？」

「我和丈夫聊天，有時候有人會來串門子。但大部分時候，這就是一種昏睡、麻木的狀態。雖然有些人說，科索沃會有這麼多小孩，就是因為沒有電。另一方面，電來的時候，人們就突然有精神了，不管是幾點。半夜恢復供電時，我總是會醒來，彷彿是某種本能把我叫醒的。我會起來淋浴、洗衣、看電視。城裡的居民眾言之鑿鑿地說，阿爾巴尼亞人只會切斷塞爾維亞人的電。我跟他們說：我去過普里斯提納，那裡也沒有電。但是這些人哪裡都不去，他們只待在什特爾普采，然後盡說些蠢話。」

「他們為什麼不去別的地方？」

「他們怕。一星期兩次，北約駐科索沃部隊會護送公車到塞爾維亞邊境，也會護送到格拉查尼察（Graczanica／Gračanica）邊境——在格拉查尼察有東正教教堂和批發店。阿爾巴尼亞人會對公車丟石頭，有時還會丟鞭炮。我的車有科索沃的車牌，所以我不怕。這花了我一千五百塊歐元。但如果我出了意外，我不知道會發生什麼事，我可是一句阿爾巴尼亞話都不會說啊。」

「妳怕阿爾巴尼亞人嗎？」

「你瘋了嗎？我只怕極端分子。我祖父最好的朋友就是阿爾巴尼亞人。他們曾經一起在山上工作，有一天，他們用刀子劃開手掌，互相握了握，就這樣歃血為盟。我不知道他們是怎麼想出來的，在我們這裡沒有這樣的傳統，他們大概是看了什麼西部片吧。從那時起，我們就像是一家人。我祖父的好朋友邁麥德（Memed）是我婚禮上的司儀。當塞爾維亞軍隊在科索沃瘋狂攻擊時，我們藏匿了他的兩個兒子。後來，當阿爾巴尼亞游擊隊以牙還牙時，我們就去住邁麥德家。我祖父已經不在了，但是邁麥德還很硬朗。他在離這裡幾公里遠的小鎮上有家商店，我去批發鞋子時，總會去探望他。我愛著他，就像愛著我的家人。雖然，他有個小毛病……」

「什麼毛病？」

「他太寵我的孩子了。他們只要在邁麥德家待上一天——之後就很難讓他們乖乖聽話。」

「邁麥德怎麼看待在科索沃的塞爾維亞人？」

「他懂得把罪犯和普通人分開。戰爭不是兩個民族之間的事，而是兩個民族的罪犯之間的事。他明白這一點。科索沃宣布獨立後，他看到我不太開心，就對我說：『塔蒂安娜，我們只是棋盤上的旗子，下棋的是美國人和俄羅斯人。剛好妳是黑子，我是白子，如此而已。』」

「那妳的塞爾維亞鄰居呢？他們怎麼看待你們的友誼？」

「他們說我被惡魔附身了。每天十二點四十四分，他們會抗議科索沃獨立。這是為了紀念聯合國的一二四四號決議案，這份決議排除了科索沃的獨立。當他們遊行過市街，他們會惡狠狠地瞪著我，因為我會從阿爾巴尼亞人那裡買鞋子，而我本來應該抵制他們的商品。但如果這些塞爾維亞女人的鞋子壞了，她們就會來找我。人們慢慢習慣了這個狀況。布列澤維茨（Brezovica）離這裡不遠，那是科索沃唯一一個滑雪勝地，那裡住的也都是塞爾維亞人。科索沃獨立後，他們大吼大叫、把國旗燒掉。阿爾巴尼亞人嚇壞了，於是不再去那裡。布列澤維茨的滑雪條件非常好，但是山坡上一個人都沒有。」

「今天，布列澤維茨的居民很安分，希望阿爾巴尼亞人會再來。而我希望，阿爾巴尼亞的政府會實現自己的承諾，然後我們會有電。只要有電，我不在乎首相是塞爾維亞人、阿爾巴尼亞人還是巴布亞人（Papaus／Papuan）。」

佩奇—賈科維察：沒有電費，但是有小發電機

科索沃只有一座發電廠，就在普里斯提納附近，而且完全不符合任何環保標準。政府似乎已經花了五億歐元要讓它現代化，但沒有任何效果。

史蒂芬（Stefan）在一家非政府組織工作，就是他把我從佩奇帶到賈科維察的。「發電廠沒有任何繼續運作下去的機會，因為這裡的人沒有付電費的習慣。在南斯拉夫的時代，大家不用付電費，今天你很難讓他們學會這件事。在我租屋的地方，房東是個律師。當我給他看電費帳單，他只是笑了笑，然後說：『Mir，mir。』意思是：『好，好。』」

「在此同時，每個人都會買小發電機。每個小商店、理髮店和咖啡廳都有一臺。如果斷電，你在整個城市都會聽到小發電機的噠噠噠噠聲。發電機耗費的錢比電費高很多，但你說服不了任何人。」

「發電廠沒辦法只斷那些不付帳單的人的電，如果要斷，就得斷整棟樓。有次，我們發現有好幾棟樓的住戶都沒有付帳單，發電廠於是派了員工去斷電，結果這些人被狠狠打了一頓。」

「發電廠還能運作的唯一理由，是它會把電賣到馬其頓。科索沃全國會斷電好幾個小時，這樣我們就能把電送到國外。」

普里茲倫─德拉加什：沒有香芹

科索沃人談起自己的阿爾巴尼亞兄弟，會略帶輕蔑地稱呼他們為「穿著有破洞鞋子的菁英分子」。

阿爾巴尼亞人談起科索沃人，則會說他們是「滑頭和暴發戶」。

科索沃人覺得自己比較有錢，而阿爾巴尼亞人覺得自己比較聰明。

但如果你問，科索沃是否要和阿爾巴尼亞合併？科索沃人和阿爾巴尼亞人都會避免給出清楚明瞭的答案。

「我們分隔太久、變得太不一樣，現在很難合併了。」普里斯提納附近的小巴司機說。但是他車裡掛著一幅小小的旗子，上面有著阿爾巴尼亞的黑色老鷹。他不覺得科索沃那面六顆星星的藍色旗子是他的國旗。

丹麥人拉斯（Lars）——我在戈拉（Gora）地區乘坐他的車——對這件事有自己的看法。「他們很難合併，他們太不一樣了。不久前我去了阿爾巴尼亞，在那裡，如果有一座小湖，馬上就會有一百個人在那裡賣魚。如果山上流下一條小溪，會有幾百個男孩站在路邊，搶著幫你洗車。在科索沃，人們則坐在那裡什麼也不做，等待援助從天而降，而援助也真的會來。科索沃人靠著國際人道援助和德國的表親們過活，而這裡的塞爾維亞人則是靠貝爾格勒的政府過活。你去過什特爾普采嗎？那裡住著幾千名塞爾維亞人。在這樣的地方，醫院應該有三十個員工，但他們卻雇了超過三百個。他們之中有一半的人甚至不會去上班，而薪水卻是貝爾格勒的醫院員工的三倍。但是，最糟的還是聯合國。」

「為什麼？」

「他們為任何事都付太多錢了。如果你有個親戚在聯合國工作，他可以不費吹灰之力養活一家十口。如果是這樣，那幹嘛還要種田？你會看到的，許多田地都荒廢了，沒有人想要做任何事。」

「你太誇張了。他們的失業率高達百分之七十，大部分人每天只靠一歐元活下去。」

「那只是數據，他們甚至連香芹都不想種。」

賈科維察—巴雅克：有和平，就有雞

我在賈科維察坐上一輛本田越野車，就是在那裡，我遇見了佛羅倫和杜尚，來自米特羅維察的一對好朋友。

「塞爾維亞人和阿爾巴尼亞人怎麼做朋友？」我追問，因為我依然覺得這件事難以置信。

「我以為你們只會打打殺殺。」

「才不是。小時候，我們同一個院子裡的孩子會和另一個院子裡的孩子爭鬥，但是我們不是以阿爾巴尼亞人和塞爾維亞人的身分在爭鬥。我父母去別的地方時，我就在塞爾維亞朋友那裡過夜。我的阿爾巴尼亞語和塞爾維亞語都說得非常好。」佛羅倫說。

「但是你說起阿爾巴尼亞語有鄉下口音。」杜尚說，然後這兩個愛開玩笑的朋友又哈哈大笑。

「直到八〇年代，米洛塞維奇奪走了科索沃的自治權，情況才開始變得火爆。之後就愈來愈糟。杜尚的父母和住在塞爾維亞區的阿爾巴尼亞人換了房子，然後，大家都躲在自己的隔離區。」

「我們在一九九六年到二〇〇〇年間，都沒有再見到彼此。我們都在非政府組織工作，有一次，我們在貝爾格勒的一場會議中巧遇。佛羅倫問我想不想和他一起工作。所以，我們現在就一起在一個叫作『科索沃夥伴』（Partners Kosovo）的組織工作，我是這裡唯一的塞爾維亞人。」

「我們一起去上班。再說，沒有別的辦法。杜尚的車掛著塞爾維亞的車牌。」

「所以？」

「他車牌上的代碼是ＫＭ，這是科索沃米特羅維察（Kosovska Mitrovica）的縮寫，這是貝爾格勒發的車牌。」

「在我住的地方，每個人都有這樣的車牌。」

「但在普里斯提納，如果你開這樣的車上街，人們可能會打破你的玻璃，甚至揍你一頓。我的車牌代碼是ＫＳ——也就是科索沃——我們會開我的車去上班，但如果我去杜尚那裡，我就會把我的車留在米特羅維察的新橋上，然後坐上杜尚的車。」[4]

「在城市塞爾維亞那一區，你可能會因為科索沃的車牌被揍。」

有著科索沃車牌的本田轉了個彎，來到路旁的巴雅克（Baljak）小村。我們在路上看到十幾棟沒蓋完的紅磚房子，在村子邊緣有一個小清真寺，還有一個更小的東正教教堂。這裡的村長請求給塞爾維亞人帶一些雞來。為什麼？就讓他自己說吧。我們去村長家接他，然後一起到聯合國為這個村子蓋的行政機關去。

「身為村長，我很高興我們終於獨立了。我們的村政府竭盡所能，要讓兩個族群的……」村長開始說。

「歐斯曼，我們時間不多，演說就跳過吧。」佛羅倫笑著說。

「啊，對，我講起話來就像個政治人物。」村長也笑了。

「為什麼要給塞爾維亞人雞？」

「直到二〇〇四年，我們村子沒有一個塞爾維亞人。所有人都和軍隊一起逃跑了。他們害怕我們會向他們復仇。但過了一段時間，大家發現，不是每個逃跑的人都在塞爾維亞過得很好。貝爾格勒雖然抗議我們獨立，但他們也沒有善待逃離科索沃的塞爾維亞人。於是，他們就回來了。四年來，這裡回來了十二個家庭，加起來幾乎有五十人。聯合國給我們錢，我們就為他們蓋房子，幫助他們在這裡安頓下來。但這是不夠的，因為他們沒有工作。於是我們想出了一個辦法，我們會給他們雞，他們可以蓋些小農場養雞，之後就可以賣雞蛋和雞肉，這樣他們就會有東西吃。我們給一個人買了一棟小屋，他可以在那裡賣蔬菜。明天我們會去取第一批一百隻雞，也許這樣，就可以讓更多塞爾維亞人回來。」

「要他們回來做什麼？」

「這樣貝爾格勒的政府就不會成天碎碎念，說這些塞爾維亞人在我們這裡過得很糟。除此之外，這麼做有錢可拿，何樂而不為？」

「阿爾巴尼亞人不會反抗嗎？」

「我有個鄰居，他是狂熱的阿爾巴尼亞愛國者。如果你問他關於塞爾維亞人的事，他會說，他會把他們通通射死。但當塞爾維亞人開始回來，他想起他以前有個塞爾維亞好朋友叫哥蘭。現在他常常追著我問，我們會不會把那個哥蘭帶回來。因為在死前，他還想再見到他。」

譯注

1 第納爾是一種貨幣單位，有十幾個國家採用，但各國的面額和價值不同。

2 穆拉迪奇在波士尼亞戰爭中擔任塞族共和國將軍，曾下令進行斯雷布雷尼察屠殺。作者寫作時間是二〇〇八年，當時穆拉迪奇還沒被捕。他在二〇一一年被逮補、送到海牙受審，並被判處終身監禁。

3 尼古拉．特斯拉（Nikola Tesla／Nikola Tesla），塞爾維亞裔美籍發明家，設計了現代交流電系統，是讓電力商業化的重要推手。

4 新橋又叫作伊巴爾大橋，位於伊巴爾河（Ibar）上，將城市裡的阿爾巴尼亞區和塞爾維亞區分開。

八　閹割

如果有誰一輩子大部分時間都是奴隸，他在自由中是沒辦法生存下去的。這是我們決定要閹割所有這些熊的原因。

史達林的維斯塔貞女

「他總是在晚上來找我。他看著我，抽著菸斗，捲起鬍子，微微一笑，然後走向門。那時候我會哭著叫他不要走。但有哪個男人會在乎女人的眼淚？喬治亞的男人都是這樣：喝杯伏特加，進入，很快結束，然後睡著。我恨喝酒的男人。但在這裡，在哥里（Gori），沒有其他男人。其他的男人只存在於美國電影中。」

「史達林就不同了。他很有文化素養。他知道怎麼呵護女人，怎麼讚美她，也知道要讓自己聞起來很香。他的生活很樸素，但他總是穿著高雅。而且他也不會喝太多酒。如果他喝酒，那一定是喝上好的、進口的酒。我甚至不用提，他打敗法西斯主義和希特勒的事了。所以我多年前就對自己說了：譚雅（Tania／Tanya），妳到底為什麼要和那些酒鬼混？到底為什麼？既然妳可以和史達林在一起？」

安娜・絲瑞瑟里（Anna Sreseli）：他就像家人一樣

「我們身後的這棟屋子，就是約瑟夫・維薩里奧諾維奇・史達林（Józef Wissarionowicz Stalin／Joseph Vissarionovich Stalin）誕生的地方。他的父母很窮，媽媽替地方上的神父洗衣服，爸爸則是鞋匠。您看到了，他的房子上加蓋了一個古典主義的結構，而鄰近的房子都被拆除了。是的，整區都是。不，我不覺得這有什麼奇怪的。如果有雞在這裡大便，而孩子們在玩球，您會比較高興嗎？」

「在被拆除的其中一棟房子中，原本住著我的祖母。她得到大樓裡的一間公寓。直到過世，她都常常對我說：『孫女，我能在史達林的房子旁邊出生，這真是太幸運了。而且，現在我也一直能在窗外看到它。』」

「祖母還記得史達林的母親。他在這裡只住了十幾年，而她則一直住到死為止。對我們而言，這是最值得驕傲的事。因為在我們小鎮上，沒有其他事發生。如果不是因為博物館，我們的小鎮早就荒蕪了。」

「幾年前，這裡發生了戰爭。奧塞梯（Osetia／Ossetia）離這裡不遠，那時候有一百輛俄羅斯坦克開進哥里。我們都逃到提比里斯（Tbilisi）去避難。我不擔心他們會把我的大樓和公寓炸毀，但我擔心他們會破壞博物館。然而他們沒有動它一分一毫。他們依然害怕史達林。他們甚至沒有動一塊草地，只是在他的雕像下面拍照。就這樣，史達林雖然已死，卻依然保護著我們。」

「我還在念中學時，班上有些女孩夢想在商店工作，另一些人則夢想上太空。而我的夢想則是告訴眾人關於我們偉大的同鄉。我這輩子都在努力朝我的夢想邁進。我大學學的是歷史，畢業後，我就到博物館詢問有沒有空缺。」

「但那時蘇聯已經解體，博物館關閉了，好不容易才留存下來。不久之前他們才又開始僱用人。我是新團隊中被僱用的第一人，在等待期間，我開始在中學教歷史——所以我只在博物館當兼職員工。」

「我念大學時，老師依然教導我們，史達林是偉大的國家領袖。但是體制改變後，教學的方針也改變了。現在我要教孩子們，史達林是暴君和罪犯。我對此並不認同。強制遷移？這麼做是必須的，這樣人們才能和平共處。殺人？要負責的不是他，而是貝利亞（Beria）。[1]烏克蘭大饑荒？那是天然災害。卡廷？[2]我就知道您會問，所有的波蘭人都會問這個問題。卡廷是在戰爭時期發生的，在戰時，這樣的事是很尋常的。在您開始大吼之前，請讓我把話說完。您冷靜下來了嗎？好的，那我會告訴您我個人的想法。」

「我認為史達林是偉人，但是我不能對學生、也不能對觀光客這麼說。於是我說：『有些人認為他是獨裁者，有些人認為他是天才。什麼才是真相——你們自己去回答吧。』」

塔蒂安娜・馬占尼許維利（Tatiana Mard aniszwili／Tatiana Mardzhanishvili）：神啊，把我帶到小史達林身邊吧

「當我看到，他們對我們親愛的小史達林做了什麼，我的心跳都快停止了！他們怎麼可以這樣？他們怎麼可以把那麼好的人，說成是野獸、食人族、沒血沒淚的怪物？」

「以前，會有一車又一車的人來參觀我們的博物館，隊伍可以排到幾百公尺外。我看著那些人的臉，可以感受到他們身上散發出的正能量。而現在？大家會把彼此踩在腳下。喔，這就是資本主義。」

「現在我已經不去那裡了。第一，是因為遺憾，我對我的青春、工作、朋友感到遺憾。第二，則是因為我的腳不好。現在，我自己連樓梯都下不了。三月我就滿八十二歲了，唉，人是沒辦法健康一輩子的啊。每天早上我醒來後，會切麵包、泡茶，然後坐著問自己：『耶穌啊，你為何讓我活到這個時代？為什麼這些人要如此汙衊我們的小鴿子史達林？』」

「但之後我會對自己說：『想想，譚雅，史達林為群眾受了多少苦。他也為了妳吃不好、睡不飽。正因為有他和法西斯主義戰鬥，妳才能上完中學。』那時候，我就會拿起我退休時得到的、上面印有史達林頭像的勳章，然後輕輕撫摸我那小鴿子的鬍子，那時候我心裡會比較舒坦。」

「我從一九七五年就在博物館，我的工作是確保展品的整潔和安全。如果有人想碰那些展品，我們就得對他們大吼。」

「這不是件容易的事。許多鄉下的老女人會來參觀展覽，看到我們的史達林就撲上前去。她們必須親吻每一張照片，就像東正教教堂裡的聖像畫（ikon／icon）！而我們的博物館有超過一千張照片！如果有一整車的老太太跑來，每個人都想親照片，那我該怎麼辦？如果館長在看，我就會跑去對她們大吼。如果他沒在看，我就說：『親吧，奶奶，想親就給妳們親吧，願神保佑妳們身體健康！只是絕對不要去動面具。』面具是我們館裡最神聖的展品，因為那是將史達林死後的容貌保存下來的面具。」

「我之前在提比里斯的國立博物館（Muzeum Narodowe w Tbilisi／National Museum in Tbilisi）工作，但是我的第二任丈夫是哥里人，我成功地申請了調職。這不是件容易的事，史達林博物館不是你隨隨便便就可以走進來問：『喂，這裡缺人嗎？』的地方。公眾的意見很重要。我離過婚，第一任丈夫喝酒又打人——沒必要提起他。我那時很害怕離婚會是個問題，但幸好，提比里斯博物館給了我很好的推薦。」

「從前，全世界的名流都會來瞻仰史達林博物館，我們的參訪者來自俄羅斯、亞洲和美國，其中有記者、大使，也有藝術家。而我就站在展品旁，戴著我的小名牌，驕傲得跟什麼似的。對我來說，我的工作就是一切。博物館就像是我的家。」

「我丈夫不瞭解這一點。我和他沒什麼好說的。雖然我只是看守展品的館員，但我會讀書，也會認識新的人。他會喝酒，也試圖打我，但我已經沒那麼弱，不會讓他這麼做了。之後他生了病，就開始拿津貼。他整天都待在家裡，不然就是去他媽媽家。為了讓我生氣，他開始說史達林的壞話。」

「蘇聯解體時，他可得意了，還對我吐舌頭。然後，他就死了。」

「真可惜，他沒有活到今天。現在換成我對他吐舌頭了。我們要這資本主義幹什麼？這美國的乳酪、果汁、巧克力？現在你連正常的牛奶都買不到，只有盒裝的，因為在美國就是如此。我常想：『耶穌啊，把我帶到我的小史達林身邊吧，帶我離開這個世界，因為我已經無法忍受了。』」

娜娜・馬加瓦連尼（Nana Magawariani／Nana Magavariani）：

當我看到他，我渾身像是有電流通過

「我的工作職稱曾經是『人事主管』，今天，我的頭銜是『經理』。」

「博物館有六十三個員工，我負責挑選、僱用他們。我們有十個導覽員、十一個展品的保管人、兩個收銀員。從去年開始，我們還有一個少先隊員（pionerka／pioneer）——那是一個穿制服、戴紅領巾的女孩，她會賣明信片給觀光客，還會讓他們拍照。這主意是我想出來的，館長還因此親自嘉許我。觀光客嘛，就是要有可以一起拍照的東西，不然他們會給我們的博物館負評，這有損我們的形象。我知道這件事，因為我們有上關於資本主義時代觀光業的特殊課程。」

「以前，我們的觀光客多半來自蘇聯。我們有俄語導覽員就夠了，但我們還是請了兩位懂英文和法文的導覽員。今天，如果有俄羅斯人來，那就是天大的盛事。只要有一個人來，一半的導覽員都會去看他。而且我們會給他們最好的導覽。就讓他們看到，政治歸政治，但是喬治亞人對他們是友善的。」

「今天我們大部分的觀光客來自美國和波蘭。我們於是有了個問題：並不是所有的導覽員都懂英文、都能服務這樣的顧客——因為在我們這裡，每個觀光客都會得到自己專屬的導覽員。該怎麼辦？這些導覽員都快退休了，我既不能解僱她們，也沒法教會她們英語。她們也知道新時代不需要她們了，對博物館來說，她們是某種負擔。但是我們不會談這件事。我明白，在晚年失業是什麼滋味。」

「我曾經在成衣廠工作，也是在人事部門。蘇聯解體時，工廠也關門了，能偷的都被偷走了，甚至是窗戶上的玻璃。在史達林的時代，這樣的事是無法想像的。犯罪的人會得到懲罰。所以，今天當我聽到人家對他說三道四，我會說：『你們清醒點，回想一下蘇聯時代。那時候，從提比里斯到夫拉迪沃斯托克（Władywostok／Vladivostok），每個人都有工作，孩子上學不用錢。』拿我來說吧，如果不是共產主義，我到今天還會住在鄉下。人事經理的頭銜，根本連想都不用想。因為之前所有的工作都是留給男人的。從來沒有一個體制像共產主義那樣，給了女人那麼多。」

「共產體制崩解後，一切都變得比以前更糟。以前醫生不能拒絕幫助窮人，現在醫療私有化了，即使你斷了腿，也得付錢。上大學也一樣。以前，退休人士可以有免費的電話，電費也比較便宜。現在呢？退休金只有二十美元，而物價則和西方一樣。」

「女人的處境也愈來愈糟了。在蘇聯時代，男人過得很好，也沒有戰爭。如果有男人打女人，女人可以去黨委會告狀。黨會把消息發給這個男人工作地方的黨部，他會吃不完兜著走。」

「現在男人沒有工作了，於是很焦慮。如果有男人打女人，也沒有任何人會為女人挺身而出。」

「但是在我們博物館，大部分員工都是女性，甚至包括技術部門，我在別的地方沒遇過這種事情。在我們博物館，我們比較少著墨於史達林身為士兵和謀略家的部分，而是把重點放在他身為人子、人夫和人父的事蹟上。這樣的事情，由女人來介紹是最好的了。」

「我想，這和他的個人魅力也有關係。女人總是為他瘋狂。外交官的妻子總在日記中寫，史達林有多麼吸引人。」

「這魅力一直留存到今天。有時候，當我站在他的死亡面具旁，只要看一眼，我渾身像是有電流通過，我必須出去呼吸點新鮮空氣。」

萊麗莎．賈札許維利（Larysa Gazaszwili／Larisa Gazashvili）：我愛他的詩

「我父母像是史達林時代的羅密歐與茱麗葉。」

「我爺爺是個喬治亞王爵，身騎白馬，有很多地，家裡還有個上了鎖的箱子，裡面裝滿黃金。共產時代來臨時，人家說他是富農，把他的地和黃金都沒收了，只留給他箱子，我到今天都還收藏著這口箱子。」

「我外公則出身農家。感謝史達林，他才能去上學、成為集體農場的員工。之後，也感謝史達林，他才當上集體農場的管理委員長。」

「爺爺過得愈差，外公就過得愈好。當我的父母墜入愛河，他們的父母都不想聽到關於

結婚的事。」

「管理委員長外公把媽媽關在家裡，上了鎖，不准她出去。之後又把她送到莫斯科去念書，在朋友的兒子當中為她物色夫婿。」

「王爵爺爺則在以前的貴族朋友中為爸爸找妻子。之後則對他大吼。再後來，就成天咒罵他。」

「但大家都知道，年輕人要是頑固起來，是沒有任何人能改變的。我父母最後結了婚，但是他們的父母都沒有出席婚禮。一直到死，他們都不互相拜訪，也假裝不認識彼此。」

「所以，當我得到史達林博物館的工作，管理委員長外公熱情地親吻我，而王爵爺爺則氣了個半死。」

「我在博物館的工作是文宣，那是很重要的工作。我們發行報紙，出版史達林的詩集和文學創作。他的詩寫得真好，既浪漫又能擄獲人心。如果他沒有從政，誰知道，搞不好他會得諾貝爾文學獎？」

「我們的報紙叫《公報》（Biuletyn／*Bulletin*）。我的意思是，它以前叫《約瑟夫・維薩里奧諾維奇・史達林博物館公報》（Biuletyn Muzeum Józefa Wissarionowicza Stalina／*Bulletin of the Joseph Vissarionovich Stalin Museum*）。蘇聯解體後，我們只留下《公報》這個名稱，免得傷

害任何人的感情。」

「蘇聯解體後，我們這裡有段時間很混亂。一開始博物館關閉了，後來又重新開放。展品撤換了，然後又換回原來的。最後大家決定做一些微調，因為沒有人有錢把展品全部換成新的，也沒有人有勇氣完全關閉博物館，有太多喬治亞人至今依然仍深愛史達林。」

「現在，我們沒有錢發行《公報》，所以我就當上了導覽員。」

「我是在加里寧格勒（Kalingrad）完成學業的。我在那裡過得很好，在學校工作。但是媽媽生了重病，我必須回到哥里。」

「我認識的人說，史達林博物館的某個女人去休育嬰假了。於是我去黨委員會問，我能不能去那裡工作。他們告訴我：妳得先通過考試。」

「考試很難。你必須把共產黨歷史、史達林生平和蘇聯歷史倒背如流。但我學的是歷史，所有的細節我都記得一清二楚。於是，我以漂亮的成績通過了考試。」

「關於共產主義，人們說了許多壞話。但以前的館長明白，我星期天得休假，因為我要上教堂。現在他們則會在星期天給我排班，我敢肯定，他們一定是故意的。」

塔蒂安娜・古格尼澤（Tatiana Gurgenidze）：我會對他很好

「我生在一個錯誤的體制。因為我有著突擊工人（przodownik pracy／socialist hero of labor）的心態。[3]如果必須為社會奉獻，那我就會去做。比如說，我為員工做大字報，還為單親媽媽安排課程。戰爭發生的時候，我到處幫忙有需要的人。」

「在共產時代，每個人都會敬重我。但現在是資本主義時代，人們覺得我是傻瓜。」

「所以當我真的無法忍受這一切時，我會到博物館去，讓心情平靜下來。我會說：『史達林先生，我知道您會欣賞我所做的一切。』這真的有幫助。之後，通常在平靜下來的幾天後，我會夢到史達林——我之前告訴過您了——他會看著我，捲起鬍子，然後離開。」

「我和男人的關係也和這個時代格格不入。您知道，在蘇聯時代沒有性，只有兩個性別之間的交合。現在的年輕人在電視上看到的那些，音樂錄影帶啦，光溜溜的屁股啦——抱歉我必須這麼說——那個時代都沒有。如果有親吻，輕輕地撫摸手臂，那樣就夠了。那時候，女人必須辛勤工作、注意儀容、舉止謙遜。所以，當我看不慣今天的女孩，我也會到博物館去，然後說：『史達林先生，您一定不會喜歡她們這樣。』那時候，我就會覺得好過一點。」

「我不喜歡酒鬼，也不喜歡吸毒者。我們的總統讓我生氣。他為什麼老是去惹火俄國人？

大家都知道，如果你想要，就算是熊，也可以和牠們溝通。但是薩卡希維利（Saakaszwili／Sakashvili）很頑固[4]，雖然俄國就在隔壁，他還是堅持要把這裡變成第二個美國。就是因為他，我們才會有戰爭，而且一定還會有下一個。戰爭期間，博物館關閉了，所以我就到公園，去史達林的雕像下對他說：『史達林先生，如果是您，您一定會力挽狂瀾，讓我們這裡重新恢復平靜。』」

「有時候我會去博物館，對他說：『您如果還在，我們或許會在一起。您和我在一起會過得很好。我會煮飯，個性開朗，唱歌也很好聽。』然後我就這麼夢想著，若能當上史達林的妻子，那該有多好。但之後我會打消這些念頭，因為我看起來就像是個傻瓜。史達林已經不在了，共產體制崩解了。曾經有過那個時代，現在什麼都不剩。」

「如果我在這種心碎的時刻夢見史達林，那時候我就會對他很冷淡、很官方。」

娜蒂亞．約得伯利（Natia Jdldbori）：兒子，向史達林看齊

「我媽媽總是說：『女兒，不要去那裡工作。史達林確實是偉人，但是這在履歷上不好

看，妳要是有一天想換工作，人家是不會僱用妳的。除此之外，在那裡工作，別人會覺得妳很丟臉。』」

「但我有個年幼的兒子要養，我需要錢。在哥里，如果你有點抱負，你沒有別的選擇。不然就去學校或政府機關，不然就去史達林樂園（Stalinland）工作——這裡有些人就是這樣稱呼我們的博物館。尤其是年輕人，特別喜歡嘲笑我們。他們叫在這裡工作的女人『史達林女』（stalinówka／Stalinette）或『維斯塔貞女』（westalka／vestal virgins），畢竟我們就像她們守護聖火不要熄滅一樣，也彷彿在這裡守護共產主義之火不要熄滅。[5]我可以淡然看待這一切，但是我知道，對哥里大部分的居民來說，蘇聯解體時，他們的世界也跟著結束了。我有一個年長的同事，她的兩個祖父都在史達林時代被殺了，即使如此，她依然一直愛戴、捍衛史達林。」

「我對共產時代幾乎沒有記憶，我出生的時候它就開始崩解了。我記得在電視上看過坦克開過維爾紐斯（Wilno／Vilnius）。喬治亞獨立時，我和爸爸拿著喬治亞國旗到城市的廣場上。那是美好的回憶。」

「爸爸很快就明白了新時代的精神。我七歲時，他就送我去上英語課。感謝我的英語能力，我才得到博物館的工作。在這裡，只有我和另一個女同事會說英語，我們也接待最多的觀光客。而那些最愛史達林的同事則坐在旁邊，一杯又一杯地泡咖啡。雖然我們拿到的薪水一樣多，但是我不抱怨。我有工作，這是最重要的。」

「我兒子一句俄語都不會說。他從幼兒園起就學英語。這是個完全不同的時代。史達林對他來說只是抽象概念。」

「我怎麼看史達林？在哥里，我們有個習慣，父母或祖父母會帶孩子到史達林博物館，然後告訴孩子關於他的事。我也帶我兒子來過這裡。然後，我對他說：『他的童年過得比你糟糕多了。他爸爸喝酒，他們的農舍垮了，其他的孩子欺負他。但是他很努力用功。這就是為什麼多年後他能夠統治世界。如果你努力用功，你也能獲得許多成就。』對，就像美國那些教人如何成功的書上寫的一樣。」

安娜・特卡伯萊澤（Anna Tkabladze）：我們杯葛波蘭被瓜分

「這是他最喜歡的香菸，這是他媽媽給他的手錶。他是個孝順的兒子，溫柔的丈夫，慈愛的父親。他無微不至地照顧自己的員工，就像對待自己的孩子。」

「今天大家說他是個邪惡的人。而我們的資料庫中有一張照片，拍攝內容是他在夏天種蘋果樹。我認為邪惡的人寧可打人或殺人，而不會去種樹。您有您的看法。您說，他殺了幾百萬人。對此，我們沒有任何證據。所有的文件都是貝利亞偽造的。史達林只犯了一個錯：他太善良了，他太信任別人。」

「所有這一切，我都不能對觀光客說。博物館的主管給我們寫好了導覽的劇本。裡面有什麼？就像我剛才說的：『他是個孝順的兒子，溫柔的丈夫。』我們還可以提到，他戰勝了法西斯主義。但是更多的——就什麼都不說。謀殺？我開始受不了您了。我們有條不成文的規定，如果觀光客太過分，我們可以和他到博物館外吵架。但是我們現在在博物館內，所以我必須照著劇本走。」

「他們甚至把德蘇互不侵犯條約（Pakt Ribbentrop-Molotow／Ribbentrop-MolotovPact）的解說牌掛了上去。當然，他們掛上去的並不正確。因為對波蘭來說，那確實不是一個好的條約。但它給了蘇聯幾年養精蓄銳、武裝自己的時間，也正因為如此，蘇聯之後才能擊敗法西斯主義。然而我們卻要告訴觀光客波蘭被瓜分了，這根本就子虛烏有。所以我們會跳過這個解說牌，這是我們低調的杯葛。」

「老實說，我真不知道該如何看待波蘭人。喬治亞和俄羅斯打仗的時候，你們確實給了我們許多幫助。每天都有坦克載著衣服和食物來到這裡。」

「但沒有人會像波蘭人一樣激烈地挑釁我們。每個來這裡的人都很感興趣地聽我解說，而波蘭人則會對我大吼，彷彿我就是史達林本人，是我瓜分了你們的波蘭。現在人們還說，波蘭人會協助把史達林博物館改建成反共博物館。如果這是真的，整個哥里都會站起來反抗。因為在這裡，除了我們的史達林，我們什麼都沒有了。」

譯注

1 拉夫連季・帕夫洛維奇・貝利亞（Ławrientij Beria／Lavrentiy Beria），蘇聯內務人民委員部部長，史達林大清洗的主要執行者之一。

2 這邊指的是卡廷大屠殺（Katyn massacre），是蘇聯內務人民委員部於一九四〇年四月至五月間對波蘭戰俘、軍官、知識分子、警察及其他公務員進行的有組織的大屠殺。

3 突擊工人（udarnik）是一個蘇聯及其他前共產國家的名詞，用來指生產力特別高的工人。

4 米哈伊・薩卡希維利（Micheil Saakaszwili／Mikheil Saakashvili），前任喬治亞總統，卸任後被控貪腐和濫用職權，逃亡烏克蘭，獲得烏克蘭國籍，曾任烏克蘭敖德薩州州長。後因提供虛假的個人資料被剝奪國籍，又因涉刑事犯罪被烏克蘭政府通緝逮補，遣送出國。其妻是荷蘭人，薩卡希維利最後通過家庭團聚政策獲得荷蘭永久居留權。

5 維斯塔貞女或護火貞女，是守護古羅馬爐灶和家庭女神維斯塔（Westa／Vesta）神廟的女祭司。

九　跳舞的熊

當牠們看見人——牠們會用兩條後腳站起來，開始左右搖晃——就像以前一樣乞求麵包、糖果、一匙啤酒、有人摸摸他們、讓牠們不再痛苦。雖然，已經很久沒有人再讓牠們痛苦了。

我們要清除資本主義

因為政府砍我們的薪水，但自己的不砍。
因為德國人把希臘變成一個農場，在這裡賺了幾十億，然後還來批評我們。
因為我們打造民主，不是為了讓別人在我們背後為我們做決定。
因為資本主義爛斃了。我們會開始一場洪流，清除資本主義。

二〇一〇年三月。已經有好幾個禮拜，雅典市中心不斷被各種抗爭癱瘓。抗爭的群眾包括：老師、護士、船工、列車駕駛、無政府主義者。店員和加油站員工肩併著肩，打著領帶的機關職員和剃光頭的龐克站在一起。「他們不勒緊褲帶，反而開開心心地上街遊行。」在希臘開進出口公司的亞采克（Jacek）驚訝地說。「希臘這艘船要沉了，政府試圖挽救：調升營業稅、汽油價格，調降薪水和國營事業的獎金。但希臘人不但沒有和政府合作，反而選擇全面罷工。然後，幾百萬歐元又這樣浪費了。」

「情況為何會如此？」我追問。

「南方人的個性。在愛爾蘭，人們乖乖省錢，然後經濟就會好轉，甚至開始成長了。但希臘人呢？他們很頑固。有一家工廠取消了咖啡時間，然後這家工廠就破產了。他們的個性就是如此。再說，您問我幹嘛？去問希臘人吧。現在在雅典，每個街角都有抗爭。」

星期一，即，旅館主人去人行道上磕頭

柯斯塔斯（Kostas／Costas），雅典衛城（Akropol／Acropolis）附近一家小旅館的主人，

最近幾乎沒睡。

「我以前從來不看新聞。靠北，但是這真的很吸引人。」他說，一邊把糖加進他今天的第四杯咖啡。「如果有人禁止我喝咖啡，我也會罷工，但沒有人禁止我。回到電視，我最關注的就是底下的黃色跑馬燈。『鐵路工人取消。』『檢查員持續。』『醫生宣布。』『水手暫停。』這是什麼？還會有什麼？罷工啊！客人只問這件事。而今天，每個客人都像是被德國人偷走的黃金一樣珍貴。」

德國人批評希臘人不會理財，於是，希臘副總理潘加洛斯（Theodoros Pangalos）出言反擊，指控德國人在二戰期間偷走希臘人的黃金，才造成希臘的債務危機。「每個人都失去理智。」柯斯塔斯理解地點著頭說。我們坐在他旅館的露天花園中，杏子樹正好開花了。「最近有個德國的女士來這裡，說：『你們會有債務危機，是因為你們很懶散，而且還會騙人。』我就有股衝動，想對她說：『如果你們在二戰時沒有偷走我們的錢，我們今天會過得像德國人一樣好。』但我什麼也沒說，我們不能得罪德國人。他們來的人太多了，沒有人知道再過一個月情況會怎樣。客人也會看新聞。如果希臘沒有上電視，我每天可以接二十通詢問假期空房的電話，電子郵件也有二十封。但是如果有些乳臭未乾的小子燒輪胎而上了新聞，那就只有兩三通電話，電子郵件不超過八封。我該怎麼辦？我要怎麼抗議？去旅館門口，然後在人行道上磕頭嗎？我想不出別的辦法。我們在這場危機中損失慘重。每五個希臘人中，就有一個靠觀光客過活。如果他們今年不來，秋天我們就得捲鋪蓋走路了。」

星期二，即，部落客對抗駕駛

在憲法廣場（plac Syntagma／Syntagma Square）上，流浪狗愉快地在橘子樹之間晃來晃去。在廣場中央，矗立著一個優雅的噴泉。角落有麥當勞，而在廣場正對面，則是無名戰士紀念碑（Grób Nieznanego Żołnierza／Tomb of the Unknown Soldier），穿著希臘傳統服飾（長襪、結著線球的鞋子）的守衛正在一旁看守。在那之上，則是希臘國會。

「他們就在這裡搶我們的錢。」瑪莉亞（Maria）差不多快四十歲，有著一頭淺金色的頭髮，她在一家外國銀行工作。說這句話時，她輕蔑地噘起下唇。「這就是為什麼我們要阻止這場鬧劇。」

三月初全面罷工時，這裡來了超過十萬人。但政府預告，罷工多少天，就會被砍幾天的薪水。沒有人想要失去薪水，於是職業工會做出了這樣的決定：各行各業會分別舉行小小的抗爭。「這樣更好。」瑪莉亞說：「我下班後沖個澡，來到這裡時，剛好就是交通最繁忙的時候。我在民營銀行工作，在那裡根本沒辦法抗議。如果老闆看到我在憲法廣場上，那我就會有很多麻煩。其他人的情況也類似，所以，我們是以希臘部落客的名義在此抗議。」

「妳在銀行做什麼工作？」

「我建議存款超過十萬歐元的客戶如何理財。」

「如果妳有超過十萬歐元，妳會怎麼做？」

「我會逃離希臘。這裡還會發生各種光怪陸離的事，但是目前我們在網路上串連，試圖說服政府，給東正教教會和造船廠課稅。你知道嗎？希臘擁有最多地的，就是東正教教會，你知道他們不用付一毛稅金嗎？船東也是。也就是說，最有錢的希臘人。」

「你們就是為了反對這個而抗議？」

「沒錯，還有為了反對汽油漲價——從一歐元漲到一塊五歐元。我們也抗議政府的政策，他們把錯誤決定的惡果都推到公民身上。我的薪水雖然沒有變少，但是汽油漲價，每一塊麵包和香腸也會跟著漲價。」

來參加部落客抗爭的不過幾十個人。即使如此，瑪莉亞還是很高興。「做為草根運動，已經很不錯了。」

要通過憲法廣場下班回家的駕駛，就沒那麼高興了。「來加入我們！汽油太貴了！」抗議者大喊，但是方向盤後只傳來咒罵聲。

「瑪莉亞，希臘人應該勒緊褲帶才對啊！」我大吼，試圖讓我的聲音穿過喇叭聲。

「典型的政治宣導。」瑪莉亞氣呼呼地說，再次噘起下唇。「去和梅琳娜（Melina）談談吧，她十年前就勒緊褲帶了。」

梅琳娜剛過三十。她是生物老師，她不只在一間學校教書，而是在三間。「我在一間高中做半職，在另一間兼四分之一職，而在第三間則兼八分之一職。為什麼我沒有在任何地方做全職？這是因為我雖然已經教了十年，卻沒有一個地方要提供全職的工作給我！」

「為什麼？」

「因為在希臘的國營事業中，全職工作就像樂透一樣可遇不可求。要是你有全職工作，就會有年終獎金，而且他們不能解僱你。但全職工作總是僧多粥少。所以你要不就是得有熟人，要不就是送賄賂，這樣更好。而我呢，我工作十年了，卻連退休金都沒存到多少。但是對歐盟來說，這數字看起來很漂亮：僱用人數沒有增加。」

我們缺護士

尤格斯（Jorgos／Giorgos）在雅典郊區的一家大醫院當護士，他直到兩年前才開始存退休金。

「在工作了十二年之後。」他強調。「雖然希臘欠缺將近三千名醫事人員，卻沒有人在意這件事。現在政府又要縮減薪水，而且不想僱用任何人。當我們的代表去見健康部長，她不想和我們談，因為她那時正在接見醫院園丁的代表。」

「但是專家說，你們的國營事業有太多員工。」

「就讓這些專家來看看我值夜班。在急診處，我們有兩個醫生，還有我一個護士。而我們一個晚上就有：一件意外事故，兩個人需要馬上急救。一個以為自己是撒旦的毒癮患者，我必須讓他冷靜下來。一個心肌梗塞的病患，還有幾個骨折的人，我必須先給他們止痛藥，因為我知道他們得等上好幾個小時。除此之外，我們部門一半的床位都是空的，我們也只能使用一半的儀器。為什麼？因為經費被砍了。國營醫院常常把檢查派給私人醫院去做，那樣可以用別的方法報帳，在歐盟眼中，報表看起來比較好看。雖然這樣價錢會貴兩倍，但有誰在乎呢？德國人看到我們在省錢就很高興，在今天，這是最重要的。」

星期三，即，船工對抗德國人

「我們要給德國人一個教訓，這就是我們來此的目的！」占領協和廣場（plac Omonia／Omonia Square）的雅尼斯（Yannis）說。

協和廣場是雅典的心臟。最重要的道路和地鐵線都在此交會。從這裡不管要到衛城或是憲法廣場，距離都是最近的。

但自從非法移民占據了這一區，就愈來愈少希臘本地人會來到這裡了。白天，黑人會在這一帶兜售山寨名牌包和手錶，或是排長長的隊伍等著領湯。晚上，奈及利亞的妓女則會大聲招攬顧客。在這裡，比雷埃夫斯船工的抗爭看起來有點像來自另一個世界。

雅尼斯五十五歲了，在船廠當電工。他聽說過華勒沙，而且他知道的還不少呢！「對所有反抗獨裁者的希臘人來說，華勒沙是我們的榜樣。只是他對抗的是共產主義的獨裁者，而我們對抗的是資本主義的獨裁者。」

我試圖解釋，這樣比較並不是那麼理所當然，但雅尼斯已經開始他的反德長篇大論，我很難插話。「德國人把希臘變成他們的殖民地，就像非洲一樣。整個歐盟就是殖民行為。一年前有件大醜聞，因為我們發現西門子公司會收買希臘的公務員，他們就是靠這種手段才贏得競標。德國人一天到晚對我們說教，告訴我們該怎麼進行經濟改革，但是他們卻鑽了最多的漏洞。比方說，我們之前花了一大筆錢，跟他們買了潛水艇……」

「結果呢？」

「這些潛水艇都壞了！它們會往左轉，我們叫它們『喝醉的潛水艇』。我工作的船廠也被德國人買走了。他們原本說要擴大生產，所以用比較便宜的價格買下。然後呢？產量沒有增加，而現在他們把我們賣給阿拉伯人，還賺了一筆錢。阿拉伯人會拿我們怎麼辦，我甚至不想去想。而我們的總理則去見梅克爾，關於船廠的事一個字都不提。」

「所以德國人是你們所有問題的罪魁禍首嗎？」

「沒錯！你該聽聽他們做了什麼：他們帶來了歐元，這樣就可以在這裡便宜地度假。」

「你們接受了歐盟許多援助。」

「因為當德國人來這裡度假，他們就想要讓這裡的一切看起來都像是德國一樣。他們幫我們蓋了公路、維修了古蹟。他們想要把希臘變成第二個德國，但這是不會成功的。你知道德國人是什麼樣嗎？」

我認為我知道，但我決定不回應。

「德國人是機器人。他早上六點起床去工作，按照行事曆，一個星期喝一次酒。而你知道希臘人是什麼樣？希臘人喜歡玩樂，喜歡和親朋好友在一起。我下班後，總是會和我的朋友見面。我們會坐在一起聊天，互相串門子。我在報紙上讀到，德國人甚至不會拜訪自己的鄰居。如果我想當德國人，我就會把頭髮染成金色，開始在早上六點起床。但是我不想這麼做。所以就讓他們滾遠一點，不要來插手我們的經濟！」

一定要有收據

「德國作風的資本主義在我們這裡已經結束了，但是整個危機都是從那裡開始的。」通訊社記者盧卡斯（Loukas）說。「以前，銀行每天會打五通電話給我，向我介紹他們的貸款或借錢方案。這一點都不正常。而現在？他們完全不打電話。他們知道大家損失慘重。我在國營通訊社工作，他們砍了我百分之二十五的薪水。我太太在民營通訊社工作，她的薪水也被砍了。很多老闆都利用這個機會解僱員工，或是降低他們的薪水。今年我們是沒辦去度假了。真可惜，因為孩子們自己去玩了，我們本來想去泰國的。」

「政府努力勸說人民，叫我們買東西一定要拿收據或發票。他們有算過，我們的地下經濟甚至可高達全國預算的一半。人們說，希臘是個貧窮的國家，但住滿了有錢人。」

「拿收據是件好事，雖然計程車司機和醫生一開始有點生氣。我支持這所有的改變，因為我看不到其他出路。但上星期，我的希臘人個性又跑出來了。我家的鎖壞掉，我於是和太太決定裝一個新的防盜鎖。鎖匠來了，說：鎖要一百歐元，你們得拿收據，因為那樣才有保固。我的工錢也要一百歐元——如果你們不拿收據。如果要收據，那就要一百二。」

「我當然選擇不拿收據，就像在修理廠、牙醫診所、加油站。最近，政府想了個新主意，要讓國稅局的警察有權力察看民眾的袋子，如果他們有買東西，警察就會要求看收據。如果沒有收據，買賣雙方都會被處罰。」

「我覺得這有點太超過了，砍薪水的事也是。我明白，最近幾年我們大部分時候都在坐吃山空，於是現在得勒緊褲帶。但薪水降得太多了。而政府到底在打什麼鬼主意？我們七月就會知道了。到時候氣溫會到四十度，不管政府做什麼，都沒有人有力氣走上街頭去抗議。」

星期四，即，商店老闆對抗歐元

商店老闆是如何看待這一切的？我問尤格斯．布爾布利斯（Jorgos Burbulis／Giogos Burbulis），又叫作約里克（Jurek）。布爾布利斯是前任波蘭國家隊足球教練卡齊米爾日．古瑞茨基（Kamierz Górecki）在希臘帶領足球俱樂部、讓他們大獲勝利時期的助手，現在，他則是三家波蘭商店的老闆。在他的店，沃姆扎啤酒（piwo Łomża／Łomża beer）要價一歐元，覆盆子果汁則要兩塊三毛五歐元。「軍旅版」匈牙利燉牛肉罐頭（Gulasz wojskowy／"army" goulash）：三塊四歐元。一公斤煙燻火腿，七塊二歐元。「但如果你們加入歐元區，我就得關門大吉了。因為現在只有波蘭的商品有競爭力。甚至連希臘人都會來我這邊買波蘭火腿，因為好吃，又比希臘的便宜。當然，每個人都會拿到收據，毫無例外。」

「好，這我瞭解。但你一個希臘人，是怎麼會跑來開波蘭商店的？」

「在二戰期間，就像在波蘭一樣，我們也有兩支和法西斯戰鬥的軍隊：救國軍（Armia Krajowa／Home Army）和人民軍（Armia Ludowa／People's Army）。在波蘭，人民軍勝利了，但在希臘，則是救國軍勝利。那些支持共產主義的人——就像我爸爸——於是逃到波蘭，他在那裡認識了媽媽，我哥哥和我就是在波蘭出生的。」

約里克一家在希臘軍政府垮臺後回到希臘。「我們是最先回來的一批人之一。爸爸不想住在希臘以外的地方，他深愛這個國家。多年後，當我結束移民生活（我在美國住了二十年），回到希臘，我也明白了他的感受。這裡的空氣好，食物好，人也好，簡直是天堂！別的不用多說，你光看我的客戶就知道。他們十五年前來到這裡，根本就不想回去。」

約里克口中的客戶是來自波蘭的羅伯特（Robert）、葛吉謝克（Grzesiek）和澤吉赫（Zdzich）。他們邊喝沃姆扎啤酒，邊大讚希臘的好處。

「在這裡，你就算喝了杯啤酒去開車，警察也只會對你微笑，多麼有人性啊。」羅伯特說：「而我聽說在波蘭，酒駕要抓去關，那我幹嘛回去？」

「只是你可別寫說，我們一天到晚只會喝酒。如果是這樣，沒有人有辦法長久保住一份工作。而我們在這裡超過十年了，依然有事做。情況如何？現在，當波蘭已經在歐盟了，情況非常好。可以合法工作，沒有人會小題大作。因為在波蘭加入歐盟以前，警察會到工地去臨檢，如果發現有人打黑工，就得馬上塞賄賂，不然就是被遣返。」

「但是那時要合法工作，也得塞賄賂。」

「還要弄個他們的報稅號碼。」

「還要去看醫生。」

「你現在知道，希臘的危機是怎麼來的嗎？」約里克問我。「每個人都想要太多，但只想到自己。我的感受還沒這麼強烈，但是我已經看到，現在客戶已經不會論斤秤重地買火腿，而是買一片一片的了。」

星期五，即，左派對抗國家

伊克薩齊亞（Exarchia）是無政府主義者、共產主義者、托洛斯基主義者、另類全球化主義者和環保主義者的領域。在這裡，你很難找到一面沒有塗鴉的牆。在當地的咖啡廳，滿腦子政治思想的年輕人日以繼夜地爭論，要如何改變世界。

警察不會來這裡。這些人一看到警察，就會朝他們丟石頭。週末，警察會拿著塑膠盾牌，站在幾個重要的駐點，以防萬一。有時，在露天咖啡座，所有人會同時開始打噴嚏。「催淚瓦斯。一定是我們的人在某處和這些走狗進行追逐。」服務生會這麼解釋，然後把沾溼的紙巾拿給客人。

於是，我就這麼來到伊克薩齊亞，緊張得胃痛。我決定從工業學院外一個看來親切舒適的角落開始我的冒險。

「伊克薩齊亞？扭轉整個希臘的改變，會從這裡開始。如果進行得順利，它會改變全世界。」建築系學生瑪莉亞（Maria）熱切地說。「已經有一個政府在此瓦解——也就是希臘軍政府。一九七三年十一月十七日，我們工業學院的學生發動罷工，之後，受夠了軍政府的雅典居民也加入了。軍政府嚇得半死，叫坦克來我們學校鎮壓，死了二十四個人。但改變就是這樣發生的，正因如此，一年後軍政府就下臺了，我們有了民主選舉的政府。」

伊克薩齊亞第二次起義是在二〇〇九年。「即使是最聰明的人，也無法預料到這件事會發生。」瑪莉亞點點頭，說：「事件的導火線是，警察射殺了一個對他們口出惡言的男孩亞歷山大卓斯（Alekandros／Alexandros）。整個伊克薩齊亞都因此熱血沸騰。沒多久，整個希臘也沸騰了。民眾和警察打鬥，每天都有騷動、瓦斯和遊行示威，全國有幾間警局還被燒了。」

那是自一九七三年之後，希臘最嚴重的騷動。

附近高中的教師克里斯多斯（Christos）說：「我和這裡的年輕人一起工作十五年了。我之前就很確定會發生這樣的事。孩子們很用功讀書，他們念完高中就去上大學。但當我問我以前的學生，他們的夢想是什麼？他們會說：在國營事業上班。這正常嗎？一個二十歲的年輕人，竟然夢想在政府機關工作?! 一個月賺一千歐元？但在希臘情況就是如此。因為我們什麼也不製造，你要不就為國家賣命，要不就去觀光業工作。」

「這和騷動有什麼關係？」

「只有少數被選上的人才有工作。你必須有熟人，而且你還必須賄賂。拿到了公職，你的生活就像在天堂：有年終獎金，而且是鐵飯碗。但是對大部分的學生來說，在希臘沒有未來。」

我問瑪莉亞，年輕的建築師有什麼出路。「有兩家國營企業，他們會從市場上選出最有天分的，或出身最好的：也就是說，他們的父母就是同行。除此之外，還有幾家民營公司。但他們很少僱用人。選擇？當你畢業，你要不就是去國外，不然就是找比自己能力低很多的工作。比如去加油站或辦公室。如果你很幸運，你可以去觀光業。我現在三年級了，我已經去一家旅遊公司實習，他們會帶以色列觀光客來希臘。」

瑪莉亞帶我到伊克薩齊亞中心。原本舒適的廣場現在聞起來都是尿騷味。「哈希什？可樂？或是更刺激的？」[1]在入口處，一個來自非洲的移民問。我們謝過他，說不用了。那些沒有拒絕的人，則在廣場上遊蕩。有人在抽大麻，另一個人則幫同伴靜脈注射。「可惜，這個地方變得愈來愈糟糕了。」瑪莉亞說。「市政府有意允許人們在這裡用毒。當外國記者來到這裡，他們看見什麼？毒癮患者、被尿溼的草地、塗鴉。但伊克薩齊亞完全不是這個樣子。它是對資本主義的反抗，拒絕永無休止、你死我活的競爭。我們會在這裡反抗，直到勝利為止。」

「但是你們到底在反抗什麼？債務危機嗎？」我問。瑪莉亞揮揮手。「危機只是小兒科，根本不值得注意。我們已經有過不只一次危機。我們要對抗的是資本主義。我們要讓人們看到，你不一定要有房子、蟒蛇和直升機，才能快樂。」

「所以你們想要改變什麼？」

「嗯，我們要清除資本主義。之後我們會看著辦。你會看到的，我們會開始一場洪流，它會淹沒整個世界。」

譯注

1 哈希什（hasz／hash），大麻榨出的樹脂。可樂（Koka／Coke），古柯鹼的別稱。

【解說】

那些熊教我們的事——在轉型正義的同時，看見轉型不易

⊙林蔚昀

從前從前，在遙遠的中歐／東歐，有一群熊，牠們的名字叫跳舞的熊。

這些熊從小就被人帶離森林，打掉牙齒，裝上鼻環，跟著馴熊師四處流浪，表演跳舞和名人模仿秀，娛樂大眾；或是為人治病、按摩，彷彿江湖郎中。不然，就是讓大家摸摸牠們——普遍相信，這會帶來好運。

表演結束，馴熊師會得到小費，而熊則會得到食物——啤酒、馬鈴薯、巧克力、麵包。這些都不是熊該吃的，就像籠子不是熊該住的地方，跳舞不是熊該做的事，被人責罵、毆打、殺死不是熊該遭受到的對待。

人熊之間

跳舞的熊不該存在，但跳舞的熊這項傳統卻行之有年，不只在中歐／東歐各地，甚至在土耳其、印度都可看到（據說，它就是從印度傳到中歐／東歐的）。在十八世紀的波蘭，曾經有「跳舞熊學院」；而在二十世紀的保加利亞，吉普賽人則帶著熊，用表演做掩護，暗中協助左派地下愛國軍隊反抗與納粹為伍的政府軍。

二〇〇七年保加利亞加入歐盟，跳舞的熊於是不合法了。熊兒們被動保組織四掌基金會帶離馴熊師身邊，帶到位於貝利察的保護區，一座被群山環繞、有森林、堅果和草莓的跳舞熊公園。公園的員工開始了一項獨特的計畫：他們要在這中心，教導熊兒們什麼是自由。

乍看之下令人奇怪——自由還需要學習嗎？在沒有任何痛苦、限制（除了通了電的鐵絲網）的大自然，這些熊只要盡情奔跑、覓食、交配、回歸自己的本能、好好享受自由，不就好了？

然而，這些熊從來不知道什麼是自由，牠們不會冬眠，不知道如何找食物，不知道怎麼打發過剩的時間。拿掉鼻環讓牠們失落，必須為自己做決定、負責則讓牠們恐懼。當牠們面對新的現實和挑戰感到不知所措，牠們就會做那件牠們多年以來一直在做的事——跳舞。

以上這些，就是波蘭報導文學作家維特多．沙博爾夫斯基在《跳舞的熊》中告訴我們的事。然而，這只是整個故事的一半，另一半的故事是關於人，關於那些在共產制度解體後，面對突如其來的自由，不知所措的人。就像熊一樣，他們也必須學習如何面對自由、運用自由——只是，他們不住在鐵絲網圍起來的保護區，必須承擔更多責任和風險。在他們之中，有些人既是熊也是馴熊師，一切都無法那麼簡單地一刀劃開。

周遊列國，與熊同行

「貝利察的跳舞熊中心成了一個非比尋常的自由實驗室……當我從喀拉什米爾口中聽到這個故事，我想著：我自己也住在一個類似的實驗室。自從一九八九年波蘭開始民主化，我們的生活也是一場持續不斷的自由實驗。」沙博爾夫斯基在《跳舞的熊》的前言中如是說。

不只波蘭，保加利亞、烏克蘭、阿爾巴尼亞、愛沙尼亞等中歐／東歐國家也都是自由實驗室。甚至，在這個區域之外的古巴和希臘，也是自由實驗室。就像共產國家不是鐵板一塊，這些國家在進行自由實驗時，也會遇上各自的問題，也各有各的獨門解決／逃避妙方。

於是，我們跟隨作者的腳步，在紙上來了一場自由實驗十國遊。很奇妙，雖然這些事在離臺灣幾千公里以外的地方發生，雖然這些國家的情況和臺灣有許多差異，某些細節卻令人感到似曾相識。

就像臺灣有蔣公銅像和各種威權象徵的紀念館，阿爾巴尼亞也有軍事強人恩維爾・霍查留下的碉堡，人稱「水泥蘑菇」。臺灣有省籍情結，愛沙尼亞有俄羅斯人和愛沙尼亞人的糾葛。臺灣有人讚美、懷念兩蔣時代，喬治亞的史達林故鄉哥里也有一批懷念、愛戴史達林的「維斯塔貞女」。臺灣有高跟鞋教堂，時常為人詬病取笑，但是，在這背後，是否藏著地方發展的困境？就像被改造成「哈比村」的波蘭小村斯瓦夫諾舍拉科沃？

我們看到了這些國家的人民如何費盡艱辛、適應改變，也看到他們在適應不良時所跳的「舞」——這舞可能是等別人來拯救他們、懷念過去，也可能是怨天尤人，或者是：「威權時代也沒這麼不好嘛，自由也沒那麼好嘛。」

我們，不也對這些「舞」很熟悉嗎？當自由和民主讓我們失望，我們不也說過：「臺灣就是太民主了，臺灣就是太自由了，臺灣根本沒有自由民主……」

民主與自由，帶給我們的似乎不只是快樂和滿足，而是像沙博爾夫斯基說的，有時候它會「激起我們的抗拒。有時候，甚至是攻擊性」。

就像沙博爾夫斯基聽到跳舞的熊的故事，想著這不只是關於熊，也是關於他，關於他所在的轉型之國，我讀到《跳舞的熊》時也想著，這不只是關於他和他書中的熊與人，也是關於我，以及我所在的島國。

自由令人疼痛，但必須渴望自由

《跳舞的熊》是讓我們可以「看看國外，想想臺灣」的月亮嗎？它是否會成為可以攻錯的他山之石，還是，它（又）只會是另一個讓臺灣人傷心憤怒、覺得我們不如人、看得到卻吃不到的轉型正義願景？

和許多克服萬難、最後卻仍獲得成功的光明勵志轉型正義故事比起來，《跳舞的熊》裡面滿滿都是不快樂、不勵志、甚至很魯蛇的「轉型不易」故事。它們也許無法像燈塔一樣指引我們方向，但可以讓我們看到：我們不孤單，不是只有我們過得很慘。如果我們尚且無法解決某些問題，不是因為我們很糟，而是這件事本來就很難。

看到困難的故事也是重要的，這樣我們對現實會有比較腳踏實地的認知，在遇到挫折時，也許比較不會花太多時間去怨嘆：「我為什麼會失敗？為什麼別人都做得到我卻做不到？」而是可以冷靜地面對問題、分析錯誤，思考「應該要怎麼做？怎麼做會更好？」

其實，和許多中歐／東歐國家比起來，臺灣面對威權歷史幽靈的方式沒有比較差，臺灣人想要實踐轉型正義的勇氣也不輸給任何人。但是為什麼，我們常會聽到「臺灣人比不上外國人」的言論？而且不只是在轉型正義方面，在許多其他領域如文化、經濟、科技都是如此？

我一直無法理解這一點，雖然，我也曾認為臺灣人比不上外國人，覺得臺灣人要多多和別人取經。看到《跳舞的熊》之後，我突然覺得心裡某個東西被釋放了。就像書中的熊和人在面對壓力時會跳舞，或許臺灣人的沒自信和近乎狂熱的自我貶低，也是一種「舞」？或許，就像那些熊，我們的意志不斷被現實擊打，因此忘了我們是誰，不覺得自己可以掙脫牢籠，甚至會把牢籠當成自我的一部分。

那，要怎麼走出牢籠？這並沒有標準答案。像書中的熊一樣，我也走在學習自由的荊棘路上。我試著意識到牢籠的存在，試著瞭解它的樣貌及對我的影響，試著走出它，但走了兩步後又發現，牢籠外還有一個更大的牢籠。我試著看見外國的牢籠，也讓其他的臺灣人看見它——這是為什麼我翻譯《跳舞的熊》。我也試著讓外國人看見臺灣的牢籠——這是為什麼我推薦我那活過共產時代的波蘭籍丈夫看宋欣穎導演的動畫《幸福路上》。看完後，他說：「看了這麼多年電影，終於有一部片子讓我覺得：這部電影是關於我的故事。」

或許，這是一條可行的路？當我們開始看見、瞭解、訴說我們的故事，而不是藉由別人的口來訴說我們的故事（是的，不管別人的故事多麼能引起我們的共鳴，那畢竟是別人的故事，《跳舞的熊》也有其地理／政治／文化背景造成的局限，不能和臺灣無縫接軌），我們就走在邁向自由的第一步。這自由不只是上網、擁有言論自由、不用申請任何人的批准就出國的自由；也是追求自己想要的社會／國家的自由，並為這選擇負起責任、不盲目崇拜任何國內外政治人物和政治神話的自由。

這自由不只會撫慰我們，也會令我們焦慮、痛苦、不安。即使是這樣，我們依然渴望，甚至必須渴望。就像民主一樣，它不是會來照顧我們的東西，而是我們必須去照顧的東西。並不是自由民主了，我們就會過得幸福快樂，但若沒有自由民主，我們會離幸福快樂非常遙遠，而且愈來愈遠。

來自波蘭的作者在書中問：「自由使人疼痛，而且一直如此。我們準備好付出比跳舞的熊更多的代價了嗎？」而在臺灣的我們，或許也該問自己：我們準備好接受自由，跨出疼痛的第一步，開始屬於我們的追尋了嗎？

中文	波蘭文	英文
樂團「遠景俱樂部」		Buena Vista Social Club
北約組織		NATO
布洛庫		Blokku
史達林樂園		Stalinland

書籍、報紙、電視劇

中文	波蘭文	英文
《約瑟夫・維薩里奧諾維奇・史達林博物館公報》	Biuletyn Muzeum Józefa Wissarionowicza Stalina	Bulletin of the Joseph Vissarionovich Stalin Museum
《波蘭的吉普賽人》	Cyganie na polskich drogach	The Gypsies in Poland: History and Customs
波蘭電視劇《四個坦克兵和一條狗》	Cztery pancerni i pies	Four Tank-Men and a Dog
波蘭《選舉報》	Gazeta Wyborcza	
《彷彿像是吃了石頭》	Jakbyś kamień jadła	Like Eating a Stone
保加利亞電視劇《每一公里路》	Na każdym kilometrze	Every Kilometer
《立陶宛的家庭生活》	Obrazy domowego pożycia na Litwie	Images of Domestic Life in Lithuania
《他們甚至不會傷害一隻蒼蠅》	Oni nie skrzywdziliby nawet muchy	They Would Never Hurt A Fly
塞爾維亞《健康生活》	Zdrowe Życie	Healthy Life
塞爾維亞小報《媒體》		Press
《愛沙尼亞》		Estonia
古巴《格拉瑪報》		Granma
波蘭《人民法庭報》		Trybuna Ludu

中文	波蘭文	英文
德蘇互不侵犯條約	Pakt Ribbentrop-Mołotow	Ribbentrop–MolotovPact
巴布亞人	Papaus	Papuan
跳舞熊公園	Park Tańczących Niedźwiedzi	Dancing Bears Park
少先隊員	pionerka	pioneer
沃姆扎啤酒	piwo Łomża	Łomża beer
橘色革命	Pomarańczowa Rewolucja	Orange Revolution
十一月起義	powstanie listopadowe	November Uprising
突擊工人	przodownik pracy	socialist hero of labor
拉基亞酒	rakia	
羅姆人	Romowie	Roma
里拉修道院	Rylski Monastyr	Rila Monastery
茶炊	samowar	samovar
史達林女	stalinówka	Stalinette
史達林屋	stalinowka	Stalinovka
愛沙尼亞多發性硬化症協會	Stworzarzyszenie Chorych na Stwardnienie Rozsiane	Estonian Multiple Sclerosis Society
勞動協同組合（TKZS）	trudowo kooperatiwno zemedielsko stopanstwo	trudovo kooperativno zemedelski stopanstvo
伊斯坦堡薩邦哲大學	Uniwersytet Sabancı	Sabancı University
維斯塔貞女	westalka	vestal virgins
波士尼亞的屠夫		Butcher of Bosnia
卡廷大屠殺	zbrodnia katyńska	Katyn massacre
科索沃夥伴		Partners Kosovo
科索沃部隊		KFOR
科赫特拉（礦坑）		Kohtla
桑巴（礦坑）		Sompa
塔密庫（礦坑）		Tammiku
阿特密（礦坑）		Ahtme
古巴可兌換披索		convertible peso
費爾南多德鐸斯農工中心		Fernando de Dios Agro-Industrial Complex
國家高速公路		Autopista Nacional（西班牙語）

中文	波蘭文	英文
第納爾	dinar	
聖迪米特里節	Dzień Świętego Dymitra	Saint Dimitar's Day
聖喬治節	Dzień Świętego Grzegorza	Saint George's Days
指揮官		El Comandante（西班牙語）
內飛地	enklawa	enclave
蓋杜卡	gadulka	
古斯爾琴	gęśle	gusle
無名戰士紀念碑	Grób Nieznanego Żołnierza	Tomb of the Unknown Soldier
「軍旅版」匈牙利燉牛肉罐頭	Gulasz wojskowy	"army" goulash
哈卡（熊的鼻環）	holka	
聖像畫	ikon	icon
鹿酒	Jelen	Yelen
巴爾幹的劊子手	Kat Bałkanów	
基維厄利（礦坑）	Kivioli	Kiviõli
社區革命保衛委員會	Komitet Obrony Rewolucji	Comittee for the Defense of the Revolution
蘇聯共產黨	Komunistyczna Partia Związku Radzieckiego	Communist Party of the Soviet Union
薩克森國王	królowie z saskiej dynastii Wettynów	Saxon Kings
列弗（保加利亞貨幣）	lew	lev
麥奇卡（熊）	meczka（保）	
麥奇卡達爾（保加利亞語的馴熊師）	meczkadar	mechkadar
民警	milicja	militia
宣禮塔	minaret	
莫斯科人汽車	Moskwicz	Moskvitch
友誼之橋	most przyjaźny	friendship bridge
螞蟻	mrówki	ants
提比里斯的國立博物館	Muzeum Narodowe w Tbilisi	National Museum in Tbilisi
熊血啤酒	Niedźwiedzia Krew	Bear's Blood
尼克希奇科啤酒	Nikšićko	

中文	波蘭文	英文
波昂		Bonn
馬其頓共和國		Macedonia
梅地卡	Medyka	
布爾多米熱	Budomierz	
敖德賽		Odessa
布格河		
關塔那摩灣		Guantanamo
比那爾德里奧省		Pinar de Rio
巴拉德羅		Varadero
聖地亞哥—德古巴		Santiago de Cuba
馬埃斯特臘山脈		Sierra Maestra
海地		Haiti
馬坦薩斯		Matamzas
聖克拉拉		Santa Clara
奧爾金		Holguin

特殊名詞

中文	波蘭文	英文
救國軍	Armia Krajowa	Home Army
人民軍	Armia Ludowa	People's Army
部隊「奧古斯特．波普」	August Popov	
人鏈	Bałtycki łańcuch	Baltic Way
貝萊內勞改營	Belene	
塔林的銅兵	Brązowy Żółnierz	Bronze Soldier of Talinn
保加利亞赫爾辛基小組	Bułgarski Komitet Helsiński	Bulgarian Helsinki Committee
哈爾瓦酥糖	chałwa	halva
霍拉舞	choro	horo
赫魯雪夫樓	chruszczowka	Khrushchovka
辛提吉普賽人	cygańska grupa Sinto	Sinti Gypsy
四掌基金會	Cztery Łapy	Four Paws

中文	波蘭文	英文
魯塞	Ruse	
魯索卡斯特羅	Rusokastro	
薩蘭達	Saranda	Sarandë
塞曼	Seman	
塞普泰姆夫里	Septemwri	Septemvri
聖金	Shengjin	
斯瓦夫諾舍拉科沃	Sierakowo Sławieńskie	
斯莫爾貢	Smorgon	
索菲亞	Sofia	
索夫諾	Sowno	
史特拉斯堡	Strasburg	Strasbourg
什特爾普采	Štrpce	
斯庫臺	Szkodra	Shkodër
舒門	Szumen	Shumen
塔林	Tallin	Tallinn
塔圖	Tartu	
提比里斯	Tbilisi	
地拉那	Tirana	
天竺葵街	ul. Pelargonia	Pelargonium Street
烏拉山	Ural	
弗拉察區	Vraca	
瓦爾納	Warna	Varna
韋林格勒	Welingrad	Velingrad
委內瑞拉	Wenezuela	Venezuela
維赫倫峰	Wichren	Vihren
維哲比納克	Wierzbinek	
維爾紐斯	Wilno	Vilnius
夫拉迪沃斯托克	Władywostok	Vladivostok
沃里尼亞	Wołyń	Volhynia
金沙灘	Złote Piaski	Golden Sands
戈拉	Gora	
布列澤維茨		Brezovica
普里茲倫		Prizren

中文	波蘭文	英文
卡拉卡爾帕克蘇維埃社會主義自治共和國	Karakałpacka Autonomiczna Socjalistyczna Republika Radziecka	Karakalpak Autonomous Soviet Socialist Republic
科赫特拉—耶爾韋	Kohtla-Jarve	Kohtla-Järve
科區	Kołcz	Coach
科盧什基	Koluszki	
科尼斯波爾	Konispol	
科爾米索斯	Kormisorz	Kormisosh
科索沃米特羅維察	Kosovska Mitrovica，KM	
科索沃	Kosowo	Kosovo
科沙林	Koszalin	
波察耶夫拉伏拉	Lawra Poczajowska	Pochayiv Lavra
洛茲尼察	Łoźnica	Loznitsa
梅爾尼克	Melnik	
摩納哥	Monako	Monaco
納爾瓦	Narwa	Narva
奧塞梯	Osetia	Ossetia
帕比亞尼采	Pabianice	
佩奇	Peć	Peja
彼得庫夫特雷布納爾斯基	Piotrków Trybunalski	
雷埃夫斯	Pireus	Piraeus
皮林山脈	Pirin	
協和廣場	plac Omonia	Omonia Square
憲法廣場	plac Syntagma	Syntagma Square
塔克西姆廣場	Plac Taksim	Taksim Square
普拉韋茨	Prawec	Pravets
普里斯提納	Prisztina	Pristina
拉茲格勒	Razgrad	
塞族共和國	Republika Serbska	Serbian Republic
里拉山脈	Rila	
頓河畔羅斯托夫	Rostów nad Donem	Rostov-on-Don
盧馬	Ruma	

地名

中文	波蘭文	英文
衛城	Akropol	Acropolis
阿波羅尼亞	Apollonia	
巴雅克	Baljak	
班斯科	Bańsko	Bansko
貝爾格勒	Belgrad	Belgrade
貝利察	Belica	Belitsa
貝利須卡	Beliszka	Belishka
培拉特	Berati	Berat
碧瓦	Biła	Bila
博雅濟克	Bojadżyk	Bojadzhik
伊斯坦堡海峽	Bosfor	Bosporus
波士尼亞與赫塞哥維納	Bośnia i Hercegowina	Bosnia and Herzegovina
布爾加斯	Burgas	
蒙特內哥羅	Czarnogóra	Montenegro
賈科維察	Djakova	Gjakova
多布里尼什特	Dobriniszte	Dobrinishte
多明尼加	Dominikana	Dominican Republic
頓巴斯	Donbas	Donbass
德里安諾維茨	Drjanowec	Dryanovets
都拉斯	Durrës	
維多利亞車站	Dworzec Victoria	Victoria Station
格采沃	Gecowo	Getsovo
舍努夫鄉	gmina Sianów	Sianów district
薩爾山脈	góry Šar	Šar Mountains
格拉查尼察	Gračanica	Graczanica
伊萬哥羅德	Iwanograd	Ivangorod
約赫維	Johvi	Jõhvi
喀布爾	Kabul	
加里寧格勒	Kalingrad	
卡門諾沃	Kamenowo	Kamenovo

中文	波蘭文	英文
非拉雷特大主教	Patriarcha Filaret	
珮琳・涂奈丁	Pelin Tünaydın	
龐丘・庫巴丁斯基	Penczo Kubadinski	Pencho Kubadinski
龐丘・史坦內夫	Penczo Staniew	Penczo Stanev
佩特爾・姆拉德諾夫	Petar Mladenow	Petar Mladenov
拉多萬・卡拉季奇	Radovan Karadzić	Radovan Karadžić
拉米茲・阿利雅	Ramiz Alia	
拉特科・穆拉迪奇	Ratko Mladić	
勞爾・卡斯楚	Raul Castro	
魯絲・泰莉	Ruth Tery	
絲拉凡卡・德拉庫里奇	Slavenka Drakulić	
米洛塞維奇	Slobodan Miloszević	Slobodan Milošević
史坦科・史坦內夫	Stanko Staniew	Stanko Stanev
塔蒂安娜・古格尼澤	Tatiana Gurgenidze	
塔蒂安娜・馬占尼許維利	Tatiana Mardżaniszwili	Tatiana Mardzhanishvili
塔蒂安娜・尤凡諾維奇	Tatjana Jovanović	
潘加洛斯	Theodoros Pangalos	
托多爾・日夫科夫	Todor Żiwkow	Todor Zivkov
弗爾克・斯基爾卡	Volker Skierka	
沃茨瓦夫・伊嘉克	Wacław Idziak	
華倫婷娜・卡蓮妮科娃	Walentyna Kalennikowa	Valentina Kalennikova
瓦西爾・狄米特羅夫	Wasil Dimitrow	Vasil Dimitrov
維塞林・史坦內夫	Weselin Staniew	Veselin Stanev
維克多・亞努科維奇總統	Wiktor Janukowycz	Viktor Yanukovych
米爾・普亭	Władimir Putin	Vladimir Putin
瓦迪斯瓦夫・哥穆爾卡	Władysław Gomułka	
弗拉迪絲拉娃・瓦許金拿	Władysława Waszkina	Vladislava Vashkina
沃伊采克・托赫曼	Wojciech Tochman	
維爾科・契爾文科夫	Wulko Czerwenkow	Valko Chervenkov
碧姬・芭杜		Brigitte Bardot
伊布拉印・飛列		Ibrahim Ferrer

中文	波蘭文	英文
教宗若望保祿二世	Jan Paweł II	Jan Paul II
楊科・魯瑟夫	Janko Rusew	Yanko Rusev
雅努什・布蓋斯基	Janusz Bugajski	
葉蓮娜・耶登斯基	Jelena Jedomskihh	Yelena Tedomsky
葉基・費曹斯基	Jerzy Ficowski	
葉芙赫妮亞・車娜科	Jewhienia Czerniak	Yevheniya Cherniak
尤格斯・布爾布利斯	Jorgos Burbulis	Giogos Burbulis
荷西・門多薩	Jose Mendoza	
狄托元帥	Josip Broz Tito	
約瑟夫・維薩里奧諾維奇・史達林	Józef Wissarionowicz Stalin	Joseph Vissarionovich Stalin
米爾日・古瑞茨基	Kamierz Górecki	
查爾斯・帕爾諾・吉爾林斯基	Karol Parno Gierliński	
查爾斯・拉基維爾	Karol Radziwił	
喀拉什米爾・克魯莫夫	Krasimir Krumow	
萊麗莎・賈札許維利	Larysa Gazaszwili	Larisa Gazashvili
拉夫連季・帕夫洛維奇・貝利亞	Ławrientij Beria	Lavrentiy Beria
布里茲涅夫	Leonid Breżniew	Leonid Brezhnev
莉莉安娜・薩馬爾傑瓦	Liliana Samardżewa	Liliana Samardzhyeva
馬克・路斯	Marc Loose	Mark Loose
瑪莉亞・吉哥瓦	Maria Gigowa	Maria Gigova
馬特・派區	Mart Pechter	
米亥・布格靈	Michaił Bogrym	Mikhail Bogrym
戈巴契夫	Michaił Gorbaczow	Mikhail Gorbachev
米哈伊・薩卡希維利	Micheil Saakaszwili	Mikheil Saakashvili
米拉・達米亞諾夫	Mila Damjanov	
米莉茨・塞納	Milica Sener	
米拿・米尼奇	Mina Minić	
米斯科・柯文揚尼奇	Misko Kovijanić	
娜娜・馬加瓦連尼	Nana Magawariani	Nana Magavariani
娜蒂亞・約得伯利	Natia Jdldbori	
涅奇米葉・霍查	Nedżmije Hodża	Nexhmije Hoxha
尼古拉・希奧塞古	Nicolae Ceaușescu	
歐列格・阿札蘭科夫	Oleg Azarenkow	Oleg Azarenkov

中波英名詞對照表

人名

中文	波蘭文	英文
安特・奇絲拉	Aet Kiisla	
艾伯特・札瓦達	Albert Zawada	
亞歷山大・霍杜金	Aleksander Chodukin	Alexander Khodukin
阿米爾・卡力	Amir Khalil	
安娜・絲瑞瑟里	Anna Sreseli	
安娜・特卡伯萊澤	Anna Tkabladze	
阿霞・米哈利臣科	Asja Michaliczenko	Asya Mikailichenko
巴斯尼克・拉斯庫	Besnik Lasku	
「大鬍子」	Brodacz	Barbudos
西美昂沙皇	car Symeon	Tsar Simeon
赫里斯托・斯托伊奇科夫	Christo Stoiczkow	Hristo Stoichkov
迪米特里・伊凡諾夫	Dimitar Iwanow	Dimitar Ivanow
德拉甘・達比奇	Dragan Dabić	
迪米特里・史坦內夫	Dymitr Staniew	Dimitar Stanev
艾里安・史德法	Elien Stefa	
恩維爾・霍查	Enver Hodża	Enver Hoxha
尤斯塔奇・提須科維奇	Eustachy Tyszkiewicz	
富爾亨西奧・巴蒂斯塔	Flugencio Batista	
捷爾吉・米切夫・馬林諾夫	Gijorgij Mirczew Marinow	Gyorgy Mirchev Marinov
捷嘉・奈德蘭森	Gjergj Ndrecën	
哈珊・伊蘭	Hassan Illan	Hasan Ilan
烏戈・查維茲	Hugo Chavez	
以利亞・赫里斯托	Ilja Hristow	Ilya Hristov
米帖夫	Iwan Mitew	Ivan Mitev
揚・拉凡多斯基	Jan Lewandowski	

紅 書系
熱情的議論 18

跳舞的熊

Tańczące niedźwiedzie

作者	維特多・沙博爾夫斯基（Witold Szabłowski）
譯者	林蔚昀
執行長	陳蕙慧
總編輯	張惠菁
責任編輯	莊瑞琳、夏君佩、洪仕翰
協力編輯	吳崢鴻
封面設計	王小美
內文排版	宸遠彩藝
出版	衛城出版／遠足文化事業股份有限公司
發行	遠足文化事業股份有限公司（讀書共和國出版集團）
地址	23141 新北市新店區民權路 108-2 號九樓
電話	02-22181417
傳真	02-86671065
客服專線	0800-221029
法律顧問	華洋法律事務所 蘇文生律師
製版	瑞豐電腦製版印刷股份有限公司
初版一刷	2018 年 10 月
初版十一刷	2023 年 8 月
定價	380 元

填寫本書線上回函

跳舞的熊 / 維特多.沙博爾夫斯基(Witold Szabłowski)著；林蔚昀譯. -- 初版. -- 新北市：衛城，遠足文化，2018.10
面；　公分. --（紅書系；18）
譯自：Tańczące niedźwiedzie

ISBN 978-986-96817-9-7（平裝）

1. 共產主義　2.社會生活　3. 報導文學　4. 東歐

749.03　　107016812

BOOK INSTITUTE ©POLAND
本著作獲得波蘭翻譯計畫補助
This publication has been supported by the ©POLAND Translation Program

ACRO POLIS 衛城出版
Email acropolis@bookrep.com.tw
Blog www.acropolis.pixnet.net/blog
Facebook www.facebook.com/acropolispublish

● 親愛的讀者你好，非常感謝你購買衛城出版品。
我們非常需要你的意見，請於回函中告訴我們你對此書的意見，
我們會針對你的意見加強改進。

若不方便郵寄回函，歡迎傳真回函給我們。傳真電話 —— 02-2218-1142

或上網搜尋「衛城出版 FACEBOOK」
http://www.facebook.com/acropolispublish

● 讀者資料

你的性別是 □ 男性 □ 女性 □ 其他

你的職業是 ____________________ 你的最高學歷是 ____________________

年齡 □ 20 歲以下 □ 21-30 歲 □ 31-40 歲 □ 41-50 歲 □ 51-60 歲 □ 61 歲以上

若你願意留下 e-mail，我們將優先寄送____________________衛城出版相關活動訊息與優惠活動

● 購書資料

● 請問你是從哪裡得知本書出版訊息？（可複選）
□ 實體書店 □ 網路書店 □ 報紙 □ 電視 □ 網路 □ 廣播 □ 雜誌 □ 朋友介紹
□ 參加講座活動 □ 其他 ________

● 是在哪裡購買的呢？（單選）
□ 實體連鎖書店 □ 網路書店 □ 獨立書店 □ 傳統書店 □ 團購 □ 其他 ________

● 讓你燃起購買慾的主要原因是？（可複選）
□ 對此類主題感興趣 □ 參加講座後，覺得好像不賴
□ 覺得書籍設計好美，看起來好有質感！ □ 價格優惠吸引我
□ 議題好熱，好像很多人都在看，我也想知道裡面在寫什麼 □ 其實我沒有買書啦！這是送（借）的
□ 其他 ________

● 如果你覺得這本書還不錯，那它的優點是？（可複選）
□ 內容主題具參考價值 □ 文筆流暢 □ 書籍整體設計優美 □ 價格實在 □ 其他 ________

● 如果你覺得這本書讓你好失望，請務必告訴我們它的缺點（可複選）
□ 內容與想像中不符 □ 文筆不流暢 □ 印刷品質差 □ 版面設計影響閱讀 □ 價格偏高 □ 其他 ________

● 大都經由哪些管道得到書籍出版訊息？（可複選）
□ 實體書店 □ 網路書店 □ 報紙 □ 電視 □ 網路 □ 廣播 □ 親友介紹 □ 圖書館 □ 其他 ______

● 習慣購書的地方是？（可複選）
□ 實體連鎖書店 □ 網路書店 □ 獨立書店 □ 傳統書店 □ 學校團購 □ 其他 ________

● 如果你發現書中錯字或是內文有任何需要改進之處，請不吝給我們指教，我們將於再版時更正錯誤

請沿虛線剪下

廣告回信
板橋郵局登記證
板橋廣第1139號

請直接投郵•郵資由本公司支付

23141
新北市新店區民權路108-2號9樓

衛城出版 收

● 請沿虛線對折裝訂後寄回, 謝謝!

ACROPOLIS 衛城出版

紅書系
熱情的議論